LET GO OF OBSESSIONS

隨時放得下的功課

心靈病房的18堂終極學分

馬偕醫學院臨床教授

張明志——著

目錄

PART 1

／

知天

PART 2

/

事天

◉推薦序一

值得看的一本好書

郭任遠／台北馬偕醫院前心臟科主任

這是值得看的一本好書，可傳世益人，還不知道人生功課的人要看，已知道人生功課為何，但尚未完成或仍悠悠忽忽的人也要看；有宗教信仰的人要看，沒宗教信仰的人更要看。

◉推薦序二

放下執念，成就覺行圓滿的自我

蕭淑貞／聖約翰科大退休副教授

一九二一年，臺灣新文化運動之父蔣渭水於臺灣文化協會《會報》第一期發表〈臨床講義〉一文，以醫師的角度為臺灣這個患者把脈，並指其罹患了道德頹廢、人心澆漓、物慾旺盛、精神生活貧瘠、智慮淺薄、不知永久大計、只圖眼前小利、意氣消沉、了無生氣等諸多症狀，以此診斷為世界文化的低能兒；究其病因，實為智識的營養不良，故須以最大量的各類教育為處方，進行文化啟蒙，從根救治。二〇二〇年，張明志醫師秉持同樣的仁心仁術再度出書，以針砭社會弊病、探索人生困境、消解煩惱罣礙為主軸，寫下《心靈病房的終極學分》，教大家放下執念，反躬自省，把功課做好，成就覺行圓滿的自我，守護賴以生存的家園。

現今科技文明高度發展，不僅提升了人們的創造力與自信心，也強化了內在的欲望及野心，除了要求生活過得更加舒適便利，也希望擁有更多財富、權勢、名聲、地位，甚至改變事物的本質，掌控生命的長度，從而衍生、製造出許多問題與災難。面對這些現象與遭遇，有人推波助瀾從中得利，有人混水摸魚中飽私囊，有人身在其中不知不覺，也有人飽受煎熬卻難以捨棄，因此社會亂源叢生、階級對立頻仍、資源分配不均的狀況依舊存在，令人無所遁逃。然而在旁觀、抱怨、憤怒、指責、憂心之餘，我們還能做些什麼？閱讀張醫師的書，可以有所啟發，找到解答，也能依循修行方法獲得救贖與超越的力量。

人生赤裸而來，卻想滿載而歸，除了基本的需要，還有更多的想要，因此戮力追逐擁有，害怕失去，尤其面臨生死交關更難斷捨離，做到如陶淵明所言：「縱浪大化中，不喜亦不懼。」然而在無常面前，一切執著都顯得可笑復可悲，唯有放下才能無入而不自得。但要如何修持方可安頓身心，豁然自在？孔、孟及儒家典籍提出敬天知命，取捨有節，不偏不倚，中道而行；老子教我們清心寡慾、順其自然、無為而無不為的道理；莊子以心齋、坐忘作為修行法門，進而滌除妄念，超越形體與世俗拘限；佛學經典《金剛經》更直指世間一切皆隨緣生滅，終究成空，故應勘破假相，無所住而生其心。張醫師博覽深思，將先哲的智慧與自己的體悟融貫成書，為迷航者點起一盞指路明燈。

《壇經．行由品》記載：「時有風吹幡動，一僧曰風動，一僧曰幡動，議論不已。慧能進曰：不是風動，不是幡動，仁者心動。」宇宙因緣聚散無常，人間世務變動波幻，虛虛實實，真真假假，時時干擾我們的思緒與判斷，的確需要覺者提點開悟，方能明心見性，直探本源。張醫師仁心在懷，智珠在握，透過文字書寫釋疑解惑，傳遞正念，值得推薦，以饗讀者。

◉ 自序

幫助受苦的病者照亮回家的正確道路

人生的目標在於有沒有把功課做好，而不是風光一輩子。為什麼要寫這本書？我有什麼動機嗎？今年是行醫滿四十年的日子。是在血液腫瘤科屆滿三十五年的日子，我救過的病人他們的身、心、靈得救了嗎？沒救活的人安息了嗎？我指導的、帶過的後輩還保有赤子之心嗎？或是被制度環境主流價值觀如何影響了？因為我們把虛擬世界看成真實。我曾經出版了《心靈病房的十八堂課》，現在這本書也可以看成是它的續集，其中一章〈又見金剛經〉是我個人的領悟，要把現實的煩惱放下，要把人生性空的本質說明得更清楚就非得借用金剛經不可。並期待把這兩本書的內容連貫起來，讓我們一起過得更豁達，更知道人生的方向。

癌症是老化的細胞壞了，突變了。人類在二十一世紀的心靈是否也突變了？面臨更多的新科技，更普及的人工智慧，將來的醫療生態更加多元化，人類互信互愛的美德將因此更加面臨嚴峻的挑戰，因為人性、靈性不見了，被科技取代了。世界的事情跟環境都發生突變或巨大的變革，更多元，步調更快，我們應該如何對應。

醫者在治病同時帶領病患逃避死亡，卻無奈斷送了病患與家人和好、與神親近的契機，這是未好好解決的議題。許多病人因得到了復發或難治型的絕症，總是搜尋有什麼新藥？健保有沒有給付？有沒有最新的臨床試驗可以參與？能不能存活更久。因此看了電腦上的 Google 卻忘了親人，忘了許多未圓滿的心願。忘了道謝、道歉、道別、忘了道愛，忘了神。因為醫生不會告訴你，這些大部分的話題仍然是新藥？多少錢可以換多少生命？有沒有私人保險等等。至於生活品質好壞？是否仍然會死亡？有多少剩餘生命？都很少有醫生會討論。政府也顯得無力，因為好死不是議題，眾人追求的是平均壽命的數字。

假若一輩子就這樣生個病死了，我們有學到什麼呢？死亡是人生的必然，是很大的功課，可以學習很多。《聖經．腓立比書》的名言，活著是基督，死了必得著益處。我們學到益處了嗎？

本書希望在風雨如晦的當下做出提醒世人的忠告，別在人生的十字路口選錯方向，浪費一生的時間，到頭來人生功課也沒有完成。最大的關鍵在於我們不認為手中是空空的，不想失去所擁有的；亞歷山大大帝死亡前就已經告訴我們，在龐大的馬其頓帝國中，從他手中竟然空無一物。我們死亡時手中空空，什麼都帶不走，於是放得下不再執著。本書將闡明人生的苦、空、無、常，讓即將辭世的病人看得更寬心，更豁達，適時完成心願，不會再執著於還有很多任務尚未完成。

離苦得樂、無欲則剛是修養內心的名言。既然人生十之八九皆不如人意，是我們要求太多或現實是苦多於樂呢？於是我們不禁思考到底人生走一遭所為為何？顯然大部分人的命運大同小異，不斷奮鬥也求不了名利財色，只求平安溫飽，所以雖無出人頭地的風光，但求穩穩地安身立命，不至於餐風露宿辛苦過一輩子。然而一輩子平安順利者是否流連忘返於娑婆世界，而不斷輪迴，終有福報不再之日。

雖然如此歷經「橫逆」的襲擊，編輯不同生老病死的大綱，「無常」不知何時罩下，往往也不知如何掙脫或靜靜地任憑命運擺布。不過偶有脫離命運的枷鎖，旋又被套上另一個，到底人生怎麼了？有沒有一個可以面對的法則、遊戲規則或處理逆境、順境的流程準則？

我們常說人定勝天，當然處理人為的小事的確如此，但遭逢劫難時方知人的渺小，三分天註定七分靠打拼，或者其實是倒過來呢？人生不是來享受的，真的是不完美的，有原罪的。人的一生或長或短，就是一種救贖的過程。我們在學習知識、技能的過程中，從體認覺悟到實踐，從人類及世界物種的苦難中，學習悲天憫人的胸懷與氣度，發揮人飢己飢、人溺己溺的風範。但是二十世紀的人們，比起不遠的十九世紀，他們沒見過「塊肉餘生」的悲慘世界，先進國家的兒童是充分被愛，很少受苦，到了青春期乃至成年，以為物質享受是生活的基調；然而出社會後才知道，資本主義社會競爭如此激烈，不是倒吃甘蔗，而是倒吃黃蓮，年輕人的苦悶可見一斑。

我們從十九世紀一個不發達、食物短缺的大環境掙脫出來，又經歷第一、第二次後世界大戰重建家園，世人以為人類生活應該越來越好。

所謂體驗極樂享受的衍生，慾望橫流、金錢權力的遊戲充斥，進而標榜個人至上，人類不該受苦。諷刺的事實是戰亂不斷，種族滅絕，難民北漂，中南美洲的動亂也是如此。這是一個脫序的世界，時刻有區域戰爭也有和平，但繁華的假象脫不了虛擬的本質，難怪英國文豪狄更斯曾言這是一個光明的時代也是最黑暗的時代，歷史何嘗不是如此。難道我等不曾省思這種網路、臉書、推特社群為主的主流民意的世界是什麼？我們有何理想，除了物質享受與小確幸之外，我們的內心充滿了什麼？在世俗的宗教裡，是狹隘的團體或是博愛的關懷？在地球村裡共通的是電腦語言、網路遊戲。在法律、人權的制度下保護壞人，或是維護公序良俗？沒有高貴的氣質，善用練達的手段，遠離真理的陶冶，只有名利的成就，這和汲汲營營、上下交爭利的世界有何不同呢？見不賢內自省，撥亂反正人人有責。

只因為我們執著於名利，放不下財富、尊嚴，這種工業文明、資本主義所建構的社會，一日復一日的堆疊。忘了人類的本來面目，神人和好的純樸，失去了自信，終於到了生老病死、科學不能解決的時候。

疏遠了神已久的人們只有期待奇蹟的出現。所以現代人生沒有真正的理想，只有生存競爭。這種壓迫性的現實，讓很多人期待得到解脫，經過救贖的過程找回自我，重拾真正隨手可得的智慧與快樂。生病了，我們還談理想嗎？答案是肯定的，即使到了死亡仍等候最後一天審判的日子到來，我們如何面對最後自我的審判。我們預設功課做好了嗎？聖與凡的區分在於懂得放下，只要執著就無法放下，我們需要放下一切才能無牽無掛逍遙自在。

且看本書如何引路，首先看看我們生活的地球從大氣環境到政治體制、區域戰爭、貿易大戰到各地的動盪，到底什麼是真的？什麼是假的，被文字及媒體扭曲的？

最後看生病的人生有什麼功課？為了做好預設的功課應該如何提升靈性的層次，放下執著，成為真正無所求、無所得的覺悟者；所謂入世不溺於世，出世不厭世。希望本書能幫助受苦的病者照亮回家的正確道路，像路燈、燈塔一樣，忠誠地陪伴著。

PART 1

知天

1. 衰敗的地球

現在的社會變了，主流價值觀變了，人類的情感變得跟機器、電腦很類似；將來人工智慧會大大的影響每個人的生活。地球的環境與物種都在衰敗中。因為人類當權者的貪婪，人民的無知，衰敗的地球必定會毀掉目前的人類文明，直到下一個冰河時期。面對人性的崩壞，我們該如何做，這個議題在心中想了很久，但都沒提筆。其實大部分的人生功課是預先設定的，每個人無時無刻都在寫功課。至少對人生功課做出回應。但多數人都沒做好，甚至不願面對，或邊做邊罵。把功課做好，或亂作一通，到底結果有什麼差別呢？功課可以修改嗎？可以像學生一樣對分數討價還價嗎？每個人天生的功課各不相同，再者每個人後天衍生的第二次功課也不同。天生我材必有用。因為各有各的才情優勢，後天的際遇也各有不同。人生的關卡，每個十字路口的分歧也不同，但殊途同歸，所謂千流之異而同源，萬車之殊而同轍[1]。因為每一世所背負的責任與任務，確實比較個人化、客製化的。我們做人一輩子，不是兩手空空地來，兩腳空空地走，而是要如佛法所說的**消業或帶業往生**[2]。但是大部分的人是隨業流轉，所謂舊有的習氣未盡，新的雜染又生[3]，反而靈魂越來越不聖潔。嬌寵、偏見、貢高我慢很多：貪、瞋、癡、慢、疑、見者比比皆是，積重難返。

這是功利主義、資本主義的最大毒害，過度提倡享樂，不思簡樸，追求名牌時尚；過度誇大自我權益，不知感恩惜福；過度消費，不知飲水思源；過度計較人權，不知尊重專業。很少有人會深刻地反省如何落實服務的人生觀、奉獻的人生觀，因為神性的聖潔早被人性的貪婪屬性的鬥爭所吞噬。取而代之的是企業化經營、宗教式包裝的團體，世界文明史彷彿西元初年羅馬競技場重現。

西方經過短暫的文藝復興運動，重新認識上帝，但不到三百年，很快工業革命改善人類生活後，人不怕與天爭、與獸爭，所以人類因膨脹的自信變成了弱肉強食的野獸，上演人吃人的戲碼，金融市場就是個例子，多少禿鷹在準備襲擊體質不健全的國家經濟體系，每天都上演經濟世界的小戰爭。政商掛勾財團治國，很少有正直、正義的政治人物，基本上說實話、有良心的政治人物，根本出不了頭。青年軍看來多數別有用心，以敢言作為人生追求名利、走上政治舞台的捷徑，打著國家社會理想的大旗，但很快就被污染了，繼續享受政治優勢所衍生的裙帶利益。這個世界已逐漸步入「末法時期」[4]，連神的殿堂也被世俗化。投資地產股票的政治化、冠冕堂皇的包裝下，盡是不能公開的宗教性財團。撒旦所播下的毒苗，人類的慾望已經在發芽，資本主義提倡的過度消費，讓人們自以為是神，所以天使已逐漸退回天上，世上的人們得到救贖的機會越來越少。很多人自欺欺人，雖然他們也是修行人，但越修越自大，所以批評謾罵，交相指責。這是顛倒夢想的錯誤示範，所謂怒火燒盡功德林，不是嗎？現今東方的宗教團體有不少跟中古世紀黑暗時期的宗教類似，很多人說他們有修行，背誦心經、金剛經，但為何仍是煩惱不斷，不得清靜修行，因為仍然執著於五蘊六識、自我意識、自由意志。根本沒有悟道，何況是佛法的精髓，似是而非，抱著浮木以為找到人生的方向，卻如盲龜一樣隨波逐流。

有我就有我之心王、心所，我執，我慢[5]。人之大患在吾有身，有這個有軀殼的我，包括眼、耳、鼻、舌、身都是人類慾望與煩惱的起源，有慾望就會產生煩惱，彼此互為因果。煩惱就是無法完成、滿足或維持慾望，以及自我良心發現的批判。人類的文明史也是一部慾望史，科技進步就是神學、哲學的退步；科技忠於人性，所以慾望是人的本質；但大多數生物的本能，只有求溫飽的慾望，有些動物群體有領袖，當王來奴役其他同類的慾望。大多動物只求自己當王，享受富貴，但人類卻想當皇帝，政治皇帝世世代代，子子孫孫，享受富貴。現世正流行所謂的官二代三代、富二代三代，資本主義的國家政治權力者幾乎都向財團傾斜。讓老百姓當頭家只是政治謊言，誓言照顧勞工只是選舉口號，連出身貧戶經由所謂的民主過程選舉得到執政權，也是換得全國金庫的鑰匙，國家領導人毫不遮掩地豪取天文數字的政治獻金，所謂的陽光法案是標準的障眼法。當看盡了全世界醜陋的現代文明人，結果是物質生活奢靡，精神生活缺乏，神性靈性闕如。我有人權，我最大，自私又不尊重他人，只要我喜歡有什麼不可以，似乎在法律的定義下，一切應該理所當然。這是二十一世紀的圖騰，而非口號而已。人生功課是什麼？盡量不擇手段奪取財富，從社會從客戶從朋友、親人甚至父母奪取，完全的利己主義，所以雖拔一毛以利天下不為也，現實及識時務者才是主流。因此傲慢與偏見因政黨之故必然存在，每個政黨權力帶來無限的傲慢。不為良相，寧為良醫，上醫醫國，博愛濟世，每位醫者及知識分子都有責任針貶。

㈢人生功課應依循什麼呢？

想想法家，墨家……回到春秋戰國時代，想想人生功課依循什麼？佛教、道教、儒教、基督教、回教是經由許多苦難磨練，才能回歸本源，找到人生意義與自性，找到超越自我的人生功課，就應該找回自我。老子言：「夫物芸芸，各歸其根。歸根曰靜，是日復命。」[6]歸根就是找回自我。「復命曰常，知常曰明。不知常，妄作凶。」

英國文學家諾貝爾得獎者 **TS. Eliot** 艾略特[7]曾言：大多數的人終其一生尋找幸福真諦的結果，從外求，最後回到原點，就是尋找自我。明朝王陽明先生的**致良知**，也是禪宗所謂的**自性**，自我原來的本性，我從何而來，又該往何處去？我到底是什麼人？我的功課是什麼？理性、良知、自性又是什麼？我出現在世上，此時此刻是被安排的，每個生命出世並非偶然。每個軀體離世也絕非偶然，期間短暫的停留，只為了完成自我的功課。功課不分大小，難度不分高下，做好功課才是重點。李白說，天生我材必有用，每個人都是有用之材、可造之材，每棵樹木都發揮了它的功用，每塊石頭都可以用。所謂一砂一世界、一花一天堂。無量世界皆為塵，一一塵中無量剎。[8]每粒砂子都可能是任何生物遺骸分解、風化而得，每朵花都可能是多少種子演化而得到的品種。這種生物、物種的循環依循恆定的原則，生成與破壞都可以解釋為一種幻化過程。在時間長河中，人類文明史的演化其實只是虛擬實境的假象，如夢、如幻、亦如電的過眼雲煙。那麼我是怎樣的一塊料？是大才、中才、或是小才呢？

假設我是小才，修行就會比較差嗎？假使我的人生不順遂，我只是小才，我就可以自甘墮落嗎？反正沒有差別，損失不大，大不了從頭再來；其實很多人會抱怨出身不高，做不了什麼事。父母社經背景無法加分，只能平凡度日，混個溫飽，哪能做什麼？修行？利他主義？做好自己就可以了，不是嗎。反過來看官二代、富二代他們的人生功課做得比較好嗎？其實不然，金錢權利往往會腐化人生價值，彼貢高、我慢者多，這在佛法修行中是一個很大的罪，是遠離大道，回頭並不容易。世界是多元的，從一個宏偉的建築、精細的飛行器到鐘錶的每組零件都一樣重要，小到一個螺絲鉚釘都可以影響成果，所以說，人不分貴賤都有一定的價值，可以為社會做出綜合的貢獻。

接下來不禁要問，既然功課大小都一樣，天下哪有這麼好的事。小學數學怎麼能跟高中的數學相比呢？假如我們是數學老師，教小學跟高中其實差別不大，因為範圍是死的，只要專精於特定範圍中，加以多元教學，熟練後就很容易上手。同時因為社會多元，各個角色如飛禽走獸，士、農、工、商、巫、醫百家各盡其職，才能讓花花大千世界可以運轉。既然世界已運轉幾千年，是否大多數人都各盡其職，每個人都多少有功勞，也都安居樂業，人生何來苦惱呢。聖經說，神給我們的已經很富足，人們可以過得很好才對。[9]每頓飯前做餐前禱告，感恩神的恩典，但是我們人類有很多不滿的情緒，認為神應許的不夠多、不公平，甚至推論神並不存在，或是敬拜神也沒什麼作用，禱告只是老一輩的習慣。

當有一天考驗來臨，報應兌現的時候如最後的審判，有人該哀號了，為何當時不謙卑？為何敬拜的神離棄他們？也許我們不用等到審判日到來，因為人生功課怎麼做就怎麼受，我們自己也心知肚明。欲知前世因，今生受者是；欲知來世果，今生做者是。因果循環顯現的是業力果報，能不懼乎。我們若領到的功課比較小，也應該努力做得更完善；我們領到的功課比較大，那就該多做多有收穫。

註1 大方廣佛華嚴經卷一。

註2 佛法的爭論，持此說法者認為眾生累世自無始以來所造罪業、福業甚多，紀錄於第八識阿賴耶識中，所以在每一世輪迴中都會造成業力的牽引（大乘成業論）大般若經一會四品，眾大菩薩有身、語意起的罪障。持反對此說的教派則不認為眾生有原罪，反對有造業與消業之說。業，來自梵語karma，是不適當的行為例如慾望，業力為因果報應之原素。眾生必須為自己的業力負責。楞嚴經言，死跟從變化流去，所謂的帶業往生，世間的一切生死是相續不斷的，生跟從積習而來。

註3 成唯識論，卷一，卷二。現行薰種子，種子生現行。阿賴耶識，與雜染法互為因緣。

註4 楞嚴經。佛陀涅槃至今兩千五百多年，現在這個時代正是處於末法時期。邪師披上袈裟，宣說佛法數量如恆河沙。佛陀預言正法一千年，像法一千年，接著是群魔亂舞的末法時期來臨。

註5 成唯識論，卷一。

註6 老子，道德經第十六：致虛極，守靜篤，萬物並作，吾以觀其復。

註7 艾略特：美裔英國人，文學家、詩人一九四八諾貝爾文學獎。著作〈荒原〉強調人類應該捨己為人、同情、克制。通過救贖把荒原變成樂土。

註8 華嚴經，卷十七。

註9 哥羅西書 2:9-10 因著一切的豐滿居住在基督裡面。詩篇 23:1 耶和華是我的牧者；我必不致缺乏。

2. 人生的功課

㊁ 神會過來驗收成果

聖經有個故事，主人將要遠行，給三個僕人依不同的才情予不同的銀兩1，祂希望才情大的拿得多，也做得多，才情小的雖拿得少，但努力做也會得到同樣的讚許，不做事偷懶的必定受罰。所以說，人生功課不分大小，都可以通過各種不同的考驗完成使命。

人生的功課是什麼？人類是不完美的，佛家認為「消業往生」是最重要的課題。簡單地說，人是不自由的，**沒有絕對的自由意志可言**。人的能力，受制於人的構造與環境。人類形體只是一種有機體，由很多細胞所組成，又有很多基因調控，其生命週期，甚至一開始，命運就設下基因突變密碼，待時機成熟時於某年某月應驗發病，乃至死亡。例如自體免疫疾病，基因缺陷的各種代謝性疾病、血友病、血栓症。所以很多病人會問，為何以前好好的他到了四、五十歲，沒什麼事件突然就得了頭頸癌，三十多歲的她，卻得到乳癌、卵巢癌，雖然環境、生活習慣重要，但多數仍是未知，或與家族基因相關的。

生命是業力的間接彰顯，那麼其他又如何？例如生老病死以外的貪、瞋、癡各種煩惱，所謂人的大患在於有身，有人有軀殼就衍生相關的煩惱，一切煩惱就在於有我，有我的臭皮囊。需要供養臭皮囊，還有身上的五蘊六識。而這六根又起了好壞美醜高低等等的蘊識分別，形成了分別心的根基。我們所受的教育知識提供了分別心的溫床，從此就有了自尊心、羞恥心、貢高我慢心、貪心、瞋心及種種嫉妒心。至於向上心、同理心、謙卑心是後來學習而磨練出來的，動物與人類的差別在於此種善念與靈性的修持。然而這種美德，已經在功利社會資本主義下漸漸式微。美德淪為口號，是二十一世紀的普世現象；上下交爭利的時代，彷彿又回到了春秋戰國時期，只不過孔子著春秋而亂臣賊子已不復懼，沒有人在意，也沒在怕。所以社會上沒有真正的典範與楷模，看到的都是利益的交換，大人物如此、小人物也是差不了太多，何況憤世嫉俗的人以及反社會行為邊緣個性的人到處都有，社會亂象層出不窮。從地球氣候變遷的暖化到大氣污染，青山、綠水、河川、來自大海的變色、變味，冰山加速融化，海平面上升等，導致大量生物的瀕臨絕種，請問諸位全世界有任何絲毫改變嗎？我們恥笑美國，回頭看看台灣，不也是五十步笑百步嗎？

我們本應知道家家有本難念的經，人生有不同的結果，但現代文明的主流價值觀及取向目標趨於一致。賺大錢享受榮華富貴，再回頭來用錢布施，做善事。或稱為做功德與福德，兩者是不同的；福德者以財布施為主，這與法布施與德布施不同，世人鮮少理會。不知兩者的重要性，如何去做，也不被推崇。修行方向錯誤，偏離正道遠矣。昔日梁武帝蓋塔建寺大興佛法，就教達摩祖師有沒有功德？達摩祖師著實回答毫無功德，因為是心有所住，有所為而為，所以沒有功德（只有福德，祖師未言）[2]。

居上位者若行有言之教，以福德為功德的推崇財布施，以及造神運動，則社會危矣。各種斂財手法，都在司法特殊政治考慮上加上扭曲保護，尤其在各種政治選舉上視為不可忽視的選票，這個社會能不腐敗嗎？其實指鹿為馬不是笑話，是政治宗教的傲慢以及民眾的無知。是我們早已找不到本來面目，而我們的純真被當成幼稚，戳破國王的新衣被當成搗蛋鬼。正直上進者，成為很難合作的夥伴，堅持善念竟然得到迂腐儒生的封號。無私、無念，不食人間煙火者、不識時務者，已無立足於練達社交圈的機會。

金剛道上異熟空[3]，財富越大者越難放下，也就難穿過針眼了（耶穌對年輕財主說的話，論如何才能進天國）[4]，現在這個道理很少被討論，因為在資本主義的神主牌的意識形態下沒有人認同，所以大財主大部分被拒絕於聖殿之外，捐獻再多錢也進不了神的殿堂。

㊂我們看看人一生的計畫如何？

孔子云，自弱冠以來三十而立，四十而不惑，五十知天命，六十而耳順，七十隨心所欲不逾矩。古人的理想是立功、立德、立言，反觀現代人的人生計畫又是什麼呢？生物必須有水有食物才能生存，在動物的生存法則中弱肉強食、適者生存。所以人與獸爭、人與天爭、人與人爭這是生存法則，有權有勢就有支配權，在功利主義下，加法哲學是平步青雲的途徑。但是人不可能無窮盡地一直加法上去，從不是什麼重要人物，到很重要的人物，從燦爛回復到平淡，這樣我們到底得到什麼呢？我們的經驗、經歷還是智慧，是辛苦、快樂或是失落呢？

大多時間，我們不想輸人，不想被淘汰。但加法哲學的生活，填塞了太多不需要的事物，用不到、帶不走、且不受用的虛名，虛情。在度過大半人生之後才發現天命如此，沒有在自己的理想下真正地活，大部分是迎合主流社會的世俗價值觀，於是迷失於江湖中。莊子云：「魚相忘乎江湖，人相忘乎道術。」[5]反之庸庸碌碌，卻或許也得到一個不迷失的真實。

最重要的人生功課是認識自己，找到自己的定位、功課，做好自己的角色，**自覺覺他，覺行圓滿**。因為知道天命才有耳順，也就不會過於在乎別人的批評，勇敢地找到自己的特色，堅持信念，勇往直前。然而世俗中有很多意識形態的險阻，讓我們難以抬頭前進；因為世俗的觀點是以有我，有自我意識而被慾望所主宰，把我跟神分離，所以墜入無限慾望的無間痛苦與折磨中。沒有神性的人，其實跟野獸無兩樣，都是為了求生存而努力。即使到了衣食無虞的環境仍想要掌握權勢的優越感，保障長期的生存，沉淪於有見的思考，處心積慮，擴大自己，以便奴役別人，雖贏得了全世界，卻迷失自己。

馬其頓君王亞歷山大大帝就召示我們三個智慧[6]，醫生再高明也不保證你長壽，金錢再多也帶不走，兩手空空地離開人世，權力再大也終回歸一切無所有。人要如何追尋夢想，找回自己的本性，修得無上正等正覺，找回自性本心？藉著這輩子人生安排的命運，抓住每個開悟的當下，放下慾望的屠刀，割捨世間的名利財色的誘惑，找回赤子之心，就可以回到成佛的回歸之路。這一輩子尋根之旅也可以稱為追本溯源的逆向之旅。簡單地說，我們從嬰兒長大以來，原本是天真無邪的，但世俗的教育雖然教授一技之長，求生存與就業的技能，但學會更多的小愛、自私、功利。染上更多彰顯自我利益的惡習、勢力、分別心、貪心，忌妒、貢高我慢、虛情假意、狂妄自大、佔便宜。試想這麼多慾望的人幾乎滿腦子盤算的都是我、我自己。政治人物者將此顯學發揮到極致，組成為政黨服務的網路軍團變本加厲，處心積慮去爭取假民意，搞得天下大亂人心惶惶。若有不如意則抗爭，發揮民粹到了極點。不少人還沾沾自喜，距離大道越來越遠，如何回歸到無念、無怨、無得的境界，如何得到解脫自在。要能夠解脫自在，就得先拋開肉體的牽絆。殊不知執著的起始點，就是被臭皮包裹的自我形體，以及其感覺器官，因此衍生出有我、有我所的執著，我為大的利己思想，回歸求生存與物競天擇的法則。許多人認同，也覺得這樣很好。

古來帝王自稱孤、寡，神格化之下，卻是虛空迷失、苦惱煩憂，不得出離世間苦惱，正所謂獲得全天下，卻始終等不到安寧與平靜。有權也好，有勢也罷，都是過眼雲煙。一頁頁千古的帝王們皆如此，各種陰謀手段爭權奪利，時刻擔心江山易主，沒有一個好下場，跟動物的殺戮沒兩樣。原來帝王的命運跟老百姓沒兩樣，都是受命運的安排與考驗，就像被后羿的箭射中一樣，沒有人能逃離[7]；有慾望就有心魔的試探與惡魔的考驗，除非你沒有這個形體，沒有慾望的靶心可以射擊，有慾望就有靶心，就有人性的弱點。

我們二十一世紀的人們，**最重要的功課是救救地球**，幫所有生物包含人類的下一代，保留青山綠水。環保議題以及節約能源，減少碳氣的排放，惟各主要工業國都無法落實，水資源的爭奪及糧食短缺的問題接踵而來。這些問題都源自高度工業化的結果，人類為了不斷製造財富，鼓勵消費以維持通貨膨脹的基本經濟發展動力，保障富人的股票期貨指數上揚，結果造成地球環境的衰敗，後果由全人類概括承受。先進國家浪費的食物，足足可以拯救全球飢餓的第三世界。

我們何時才能讓地球好好休養生息，人類不應該無限度地發展工業，讓我們稍停一下讓地球復育，看看我們真正需要什麼？若要世界和平就不應該製造戰爭，不應該挑釁族群對立。

註1　聖經馬太福音 25:14 三個僕人的比喻。

註2　梁武帝，南北朝皇帝，公案，維基百科。

註3　成唯識論，不動地者是第八地，阿羅漢果位。

註4　馬太福音：19:16-23，馬可福音。

註5　莊子，大宗師第六。

註6　西元前三二三年亞歷山大三世逝世於巴比倫的遺言。

註7　莊子，內篇：德充府。

3. 平行宇宙，時空的相對論

宋明理學說去人欲、存天理。偏偏很多人被騙就是因為被抓住貪心的慾望，人性的弱點。多數人想不勞而獲，多錢財，多福祿壽。君不見全民炒房、炒股、炒樂透。阿修羅的慾望有多大，往下沉淪的墮落就有多深，阿鼻地獄是很難出離的；但是受慾望迷惑的人，不會深思因果報應。掉落后羿的彀中，是會被慾望死亡之箭所射中，這是莊子的比喻。有神論者相信因果報應，有罪與罰；無神論者相信人的力量最大。人生並沒有自己的計畫，所有大的規劃都是天定的；就是預先註定的（pre-determined），相信這種哲學思維的就相信有神。[1] 不認為神對每個人有計劃者，總認為人定勝天，但所見到的考驗卻是不如意十常八九。假設有什麼地球、太陽系、宇宙都是神所創造的，那麼神的旨意何在？每個地球上的人假設都是不完美的，誰說自己是完美的，那麼完美又是誰來界定了。英國天文學家哈雷（彗星發現者）看到牛頓的太陽系模型，驚訝地問是誰做得如此精細完美，各自自轉又公轉，牛頓回曰，只有上帝還會有誰。神對世人是有計畫的。神是造物者，是完美的，以極高度，平等法眼來審視娑婆世界，如華嚴經所言，佛於一切十方中，寂然不動無來去，應化眾生悉令見。神是完美的，寂然不動，而所造的地球生物是不完美的，從不完美修正到完美就是人生功課，所以先要認知人類的不完美。

基本上每個人比來比去都會看到別人的缺點。很奇怪一般人很少讚美別人，因為會嫉妒，不少人很擅長批評別人。所以說凡人有原罪，是很多的不完美，而此生就是到人間修行，懺悔行善才能回歸神的美好世界。世間民之所惡惡之，所好好之，誠如耶穌基督不定一位犯姦淫婦人的罪，囑咐不再犯錯，批評的村民也放下石頭羞愧散去。佛教的思想也是如此，勸人為善，**眾生是未來佛**，以佛的高度來審視世間的一切（**平等**），渡化眾生遠離慾望橫流的浮華世界，到達**清靜**無為的彼岸，所謂的涅槃。[2]佛，才是世間的大導師，他的教誨讓眾生遠離苦惱。那麼**我們想想是不是有另外一個時空的存在（寂然不動的十方）？所謂舉頭三尺有神明**。我們學校教育有資優班，除了普通班的課程外，另外安排時段到資優班接受特殊功課。這或許可以了解多軌教學，進而我們可以推論**宇宙平行空間的存在**（可以互動所以稱為平行存在）。為什麼我們會出生在地球做功課？就是因為不完美，需要加強考驗、磨練。我們在普通班上課時，彷彿有人可以聽到一些資優班的談話（若我們比喻為來自另外的時空，順風耳），或有資優班者或前輩學長透露一些考題及出題方向，就像人世間有些通靈者及先知們（比喻為有神通），會關心我們，擔憂我們的現在及未來而提出預言及警告。

從人的視角看世界是短淺的，層次不足，從外太空看地球的氣候變遷，生態浩劫就清楚多了。所以神的高度不是我們能了解的，我們怎麼能滿足於不可知論呢？

㊂地球人生是什麼

我們又回頭思考，那麼我們生存的地球又算什麼，是真實的存在？或是虛擬的幻象？假設是真實的存在，我們的身體也是真實的，那麼我們的慾望也是真實的，名利財色所附加的不也是真實的嗎？假若是真實的，但它會一直永恆存在嗎？成、住、壞、空是萬物不變的法則，所以應該不常在，也就是無常，也不是永恆的存在。假設它是虛擬的？那麼我們肉體上五蘊六識卻可以真真實實地感覺它的存在，那又怎麼說它不存在而是虛擬的呢。因為感官是相對的，眼、耳、鼻、舌、身的感覺是受新事物所左右的，但不是絕對的，因地、因時空而改變，所謂同分假立。例如楞嚴經中的**同分妄見**與**別業妄見**的闡述。同分妄見如東西半球的人看月亮有陰暗之別，日蝕月蝕也是相同的道理。而別業妄見者如正常有眼翳病的人看到的月亮形狀各不相同，有近視眼，散光者月亮變成好幾個，也不同。這所謂**相不自生，因緣而生**。我們對於這個世界的認識不外乎眼見為信，一切以觀見為主，眼見才算。然而正因如此**迷悟的根本，在於以慣用的有見思考來審視這個有形世界，卻無法以無見的覺察來觀照**（楞嚴經，卷四）詳見第十章。既然有見就有成、住、壞、空的生滅，就產生不得不捨離的痛苦。這種覺察是先驗的，理性的，眾人皆有之，只是荒廢了。

我們的人生只是一段功課而已，是虛擬的，但看似真實的。功課可以改變嗎？這是一個好問題，中國的了凡四訓中，袁先生告訴我們算命先生前面如何神準，而後半人生他又如何改變了。[3] 從順命、運命、到創命，袁了凡充分活出精采的人生，給了後人一個典範。

我們回到時空及多層次宇宙，才知道有多少我們看不見的事物，也不知其本質是否跟海市蜃樓一樣虛無飄渺。我們再回頭看禪宗二祖慧可在開悟前，祈求達摩祖師安他的心。[4]祖師說你拿出心來我安安看，慧可一驚，突然開悟了一點。心無所住，又如何拿出來安住呢？我們的心臟是器官，生物體，會跳動的，除非心律不整需要電擊安住。那麼不是心臟會不會是大腦呢，是不是做個腦波，或是由精神分析（催眠），利用心理學或神經科學來安住我們的心呢？簡單地說「安住」有屬於生物體層次，情緒及意識層次、靈魂層次、神性層次。萬法為心，一切為識，再來透過轉識成智來應對人生的不順遂。

從多層次的角度來觀照宇宙，我們所能分析及平常能理解的是眼見為信的世界，可以用物理化學數字所能分析的理性世界。但是其實有些無法引用科學解釋的現象，我們慣用陰陽界或靈界來歸納，而西方學者選擇用平行宇宙來解釋。其中灰色地帶無法解釋者如潛意識，細胞記憶等等。那麼這些很難理解分析的事情又是如何與理性世界接軌而相融合呢？我們相信地球是太陽系的一部份，太陽系又只是鄰近地球的宇宙的一小部分。宇宙因大爆炸有縮小與膨脹，那麼如何說它是不生不滅、不垢不淨呢？所以類似平行宇宙的觀念讓我們可以方便地解釋第三空間以外的存在，甚至比我們所知道的三度空間更真實。例如上帝在那裏？我們可以回答上帝在你我的心裡。涅槃在那裏？它無所不在。**蟲洞**的理論就是一種宇宙相對的大小。[5]神明可以穿梭自如的空間。有絕對的與相對的時間，就有絕對與相對的空間，**芥子納須彌山**的可能也就不用再解釋。[6]到了正等正覺的覺悟者在時空隧道中穿梭自如，也就沒有平行或多元空間的問題了。

我們不能滿足於三次元空間所發生的現象學，我們應該知道人外有人，天外有天，感性外有理性，理性外更有超理性的存在。那是不斷超越的無上超凡的神性，是不可思量的存在。這並不是玄學也不能說屬於信仰，而是一種覺察或覺悟，就是無上正等正覺。透過這種思維和覺察我們才知道人生功課是什麼，我們又應如何度過此生。

註1 斯賓諾莎，猶太裔荷蘭哲學家，主張自然神，命定論。影響德國哲學家康德。

註2 華嚴經，佛法初本是平等、清淨，以高度平等的眼光體察萬事萬物。

註3 袁了凡，明朝萬曆年進士，著了凡四訓家訓。

註4 禪宗公案第五十六則，慧可安心。

註5 蟲洞，又稱愛因斯坦–羅森橋，宇宙引力場瞬時間之空間，由白洞透過黑洞快速連接轉移空間。

註6 芥子納須彌。出自維摩詰經：不思議品。

4. 道為何物

相不自生，因緣而生；因為吾人所見的相如日蝕、月蝕、浮雲的飄動、花開花落等都是應和著物理、化學的變化而自生自滅。我們只是在那個當下體驗的世界各種浮現的物質的樣態。這種存有並非實有，而是因緣、因業而生的。眾生相、世間相，相不自生，因緣而生的道理就相應了**水中月、鏡中相**的比喻[1]。我們身處這些**虛擬實境**的相中，如幻似真很難相信是虛擬的。因為他們看來是如此的真，是有生命的、有個體、有細胞器官、有相貌、有身材、有青春、有感情。為何這些種種不是真的呢？水中月、鏡中花多麼美好，所以我們不能不相信這世界是真實的，不是魔術般的，不是夢幻的。

在花開花落的世界裡，宋明理學告訴我們，**心即理**[2]。花開只是在我們的感應當下存在，其餘皆不存在，也與吾人無關。**感應即是相應的因緣，是假借而用，並非永**

恆存在。心無體，以萬物的感應為體。對應佛學道理就是心無所住，故應無所住而生其心。禪宗認為一切接物譬如明鏡，物來則現，物去則無。

心既不常在，當然身體形骸也不在，那麼我們所感知的世界，賴以為生的水、陽光、空氣又是什麼呢？統和物質、心識、精神、情緒的又是什麼呢？這又回到哲學中唯物論、唯心論的辯證中。從某個角度切面來剖析都有它的道理，但仍不離意識形態，眼、耳、鼻、舌、身、意，或色、受、想、行、識的大腦思辨的法則。每樣都與人生學習的經驗有關。

簡單的二分法，唯物論主張的是前五識，色、受、想、行、識；而唯心論者拋開前五識主張，而主張第六識的意識才是最關鍵的。唯心論、唯物論都符合生存的**入世法則**，都可以安身但無法立命。立命者超越了一般動植物各種生物的生存法則，但求精神上、靈魂上立命的超越，也就是佛法中的**出世精神**。用太極拳來做比喻，架式套路是眼觀的拳法，但更高段的宗師打出來的太極拳已達出神入化。影、身、勢、神，渾然一氣呵成。不可言，不可思議，恍恍惚惚，迎之不見其首，隨之不見其後。

回過頭來看道為何物？心又為何？道說不可說，心又無所住，因為所有一切相都是虛妄，因為一切相都是一合相，因四大而合和。萬法唯識一切唯心，有形世界的所有眼見的，眼不可見的，都是修行者**藉假修真**的身外之物。所以眼見的世界是虛擬的助緣，修行的教材道具而已；是學校的輔助教材，正所謂佛法所言，一念定住，三界脫空[3]。

我們都會說藉假修真，但是我們真的做到了嗎？其實很多人都在修行，希望可以跳脫六道輪迴，但嚴格的戒律卻阻擋了眾生的去路和來路。能夠受戒律的人不多，律宗最重視戒律，很多人認為是苦行，很難降伏眾生的隨性。一般民眾都過慣了舒適的物質生活，而戒律卻回歸兩千多年前的基本生活，這樣比喻並不過份，因為很多方便造成人心的鬆懈。又便宜行事的方便很容易產生好逸惡勞的心。很多時候我們享受藉假修真的「假」那麼「真」也修行得七零八落，又與凡人無異，於是舊習未改，一再跌落。因為假的花花世界很誘人。

做功課就應持之以恆，不好高騖遠，堆沙成塔。很多人有此宏願但總不想做挑水沙彌，總想趕快頓悟，一步成佛，修成正果。修證的功夫豈容許方便得了。登高必自卑，行遠必自邇。

⊜什麼是藉假修真

以醫學來講，在實習醫師的訓練階段裡有假人安妮，醫護人員可以學習急救的心肺復甦術；心電圖也可以出現一種情境，危及生命的心律不整脈，來考驗學習者的臨床處理。多方磨練後溫故知新，未來在臨床上遇到了就可以從容應對。火災演習也是如此，也是藉假修真。飛機的正副駕駛在學習新款飛機過程中，也需要進入模擬駕駛機艙接受訓練多次，經過模擬考試如各種天候狀況，各種機械故障的排除，才能隨飛航實習再升上副駕駛等等累積飛行時數，最後才能擔任正駕駛領航員的角色。這種模擬是電腦模式的虛擬實境。

人生也是如此，**每個人的命運都是被程式化的虛擬實境（謀事在人，成事在天）**。佛家認為若問今生事，前世做者是。多數人分享有交集的虛擬人生，就是**共業**。我們往往會落到共業的輪迴中看不清自己的功課，常常會被大環境牽著走，所以大多在每個時間人生歲月的片段中，去爭取自己的最大利益與生存空間。廣義而言與動物生物的生存法則沒有什麼兩樣，就是物以類聚，物競天擇適者生存。難道我們沒有更高的理想嗎？

宗教或許教導我們應該有超越生命的理想，為神奉獻犧牲累積資糧，積福報在天上而非銹壞在地球上。追求永生與神同在，或者是修成正果往生極樂世界西方淨土。大部分的人雖會遵從教條，但是無法想像抽象的、看不見、摸不到的精神上的靈性世界。因為大部分人失去了感應的能力，與神相通與聖靈感動的能力，久而久之喪失了也不在意。中國人很多大家族有家訓，如宋朝名臣范仲淹有著名的家訓，大家熟知的了凡四訓都是前人的智慧，提醒後代子孫如何做事做人，弘揚家聲，世澤後代。

人生的命運是重複出現的人間試煉，是千古萬代不變的考題，說穿了不過是名利財色的試探，愛、恨、情、仇的煽動。假設我們實在不懂人生有什麼陷阱考驗，看看西遊記就知道了。西遊記裡穿過戈壁、沙漠、高山峻嶺正是唐三藏的取經路線，嚴寒酷熱，這是諸行皆苦，一路上又有很多蜘蛛精（慾望的誘惑）、火焰山牛魔王（比喻蠻橫霸道）、鐵扇公主（比喻兩舌，綺語）的考驗。好事（孫悟空的能力，衝動，善惡的火眼金睛比喻良知，沙悟淨比喻理性，但缺執行力）、壞事（豬八戒悟能的貪色貪吃，人的本性，食色性也）的穿插，峰迴路轉，這是**諸事無常**，不可預測，只有決心與信心（唐三藏成佛的決心）、有毅力的人才能成就大事。這些特性都是人的本性，若要把這些人性修正好，還真的是**諸行皆苦**，違反人性。怎麼辦呢？修行的人一路上都有妖魔破壞，如同群魔欲啖食唐三藏的肉。魔王波旬，慾界第六天的天王，常出來擾亂佛弟子的修行。

人的一生該完成的事就是從有我，修行到大我，最後達到無我的狀態，也就是佛家的三法印的最後一印，**諸法無我**。若無法修行到這一點，那麼就一再輪迴於娑婆人世間，不斷入世。我們所要追求的最低標準就是要證得出世的佛果，一往來或不再往來。一往來是背負任務來，不再往來入世出世，世出世間則已然修得果位，證得授記，功德圓滿矣。

道為何物？老子曰：道可道，非常道，名可名，非常名，無與有，同出而異名。簡單地說，**把功課做好，有與無，執著與放下，就是修這個道**。了解宇宙跟吃飯、喝茶、睡覺都一樣，但是要做好並不容易，例如禪定的功夫，戒、定、慧的三無漏學。我們凡人貪、瞋、癡，慢、疑、見，太多煩惱，放不下執著。所以說人身難得今已得，佛法難聞今已聞；此身未在今生度，更待何時度此身。我們不僅要戒慎恐懼，常常提醒自己時不我予，也要精進。不進則退轉。**道，就是我們百轉千錘，所經歷，成就定心淨意的過程**。

註1　華嚴經。所知修行如幻如影，如水中月，鏡中像。

註2　王陽明，陸九淵學說，主張無心外之物、無心內之理。

註3　南懷瑾：（如何修證佛法）。

5. 永言配命，自求多福

自從呱呱落地身為凡人後就脫離了天人，意識也受了形骸的約束，就是有了臭皮囊的身體。性別、高矮、容貌定了型，一路成長的過程無不是原生家庭及命運烙印的痕跡，所謂一命、二運、三風水。前者為預設的定數，後者為生存的變數。變數也須依定數而順著變化，而變數中有包含著自由意識以及環境因素。環境又可分大、小環境等等，因時、因地、因人的各種接觸，所謂因緣與因果的影響。

以大河來舉例，一個人乘著船從河川沖流到大海，沿著河的風光，水的平緩湍急可以衍生許多的可能。其實人生像棋盤一像，汪洋中的一個小人物會何去何從？他的一生會有什麼風風雨雨呢？有誰可以預先知道嗎？其實看是複雜的人生，蓋棺論定後才知道他做了哪些事，看透了什麼，完成什麼，留下好的或是壞的，或是莫名其妙地來了也莫名其妙走了？

多數人不知所以過了一生，有何建樹？遑論立德、立功、立言。到底有多少靈性，所謂善根的缺點被修正，有多少優點得到足夠的發揮。或者持相反論調，既然我們的命運被全能的神所決定了，那麼就隨波逐流吧，跟著大家一樣不是也可以嗎？但是環境各不相同，近朱者赤近墨者黑，我們所認同的環境會改變的。君不見許多大德也是過來人，也會犯錯，所以在茫茫人海中，還得先確定自己的方向，跟著好人跟對群體來學習，所謂的親近善知識，見賢思齊追尋真理，作正直、有用、利他思想的人。

一旦跟對的導師、上司、前輩，成家立業在世俗中站穩了立足點，就是奉養父母撫育子女的基本已經做好了，接下來無生存的憂慮下該如何完成這一世的功課，也就是超越的、靈性的、神性的功課。有人說修行再好，成聖、成德談何容易，別自尋煩惱，過一天是一天，過一年是一年，又何必追求靈性的提升，哪有誰會在乎你是否是正直的人、有德的人、有智慧的人？世俗人不都是追求名利嗎？有名有錢、有權有勢才是媒體追逐的上流社會，我們市井小民都勾不到邊，有需要這麼認真嚴肅地談出世的大道理嗎？其實大隱隱於市，不少大德是在家裡當居士默默地為大家奉獻、解憂、救脫苦難、去除煩惱，點破顛倒夢想的凡夫。能力小有能力小的功課，只要做對了就好，能力大當然很好，但相對的惡魔考驗、挑戰也多，也會一時不察，糊塗了，會被慾望誘惑了沖昏了頭。但多數是被非善良的力量利用了，所以能力小的功課少，也不會不好修行，只要不貪、不瞋、不癡，循規蹈矩即可，做到所謂的**慎獨**[1]。能力較優的人則不得僅限於守成，聰明反被聰明誤；必須有所突破他們的功課，被要求得比較多，多半也是比較艱難辛苦的，但做完功課的果報也比較大。也許有人會問如何知道自己的功課有多大多小呢？做善事是需要付出的，又如何知道善有善報呢？因為現實中有些惡業並未現世報，只是時候未到。世人皆懼因果報應。因果律與第一（聖義諦）、第二義（世俗諦）相關，所以菩薩畏因，眾生畏果。知錯能改，回頭是岸，善莫大焉。

以人性的角度來看世界是世俗的水平，處處要求公平合理，以牙還牙，最在乎自己是否吃虧了。所以積德布施被認為是食古不化、愚痴者，說好聽點是理想主義者，以神性的角度來看世界，世界充滿了一堆不幸的事，需要更大的布施與行善來幫助弱勢族群，為善不欲人知，寧願燒盡不願銹壞。懲治惡人是神的高度，假設在人世間被治罪的話，我們尚且會去教化他們。很可笑的是法院常說罪人可教化，但事實證明有些惡人是徹徹底底地壞，毫無教化的可能。所以從凡人眼界來看世界，處處充滿了不完美的假和諧，因果律下畢竟天網恢恢疏而不失。

我們應該了解自己，掌握自己在現實環境中的角色，在五濁惡世中覺悟，從覺悟中體會感知功課為何，自覺覺他，覺行圓滿，緣覺覺圓。

㊂永言配命

詩經云**永言配命，自求多福**[2]，我們每一個人的命各不相同但都殊途同歸。每一班醫學系同學將來都會成為合格醫師，有肩負救人的重任，但各次分科的職責各有不同。君不見四大科內、外、婦、小以及第五大科急重症科，招收新醫師並不容易，因為吃苦的功課不好擔當，生死瞬間責任太重，年輕人比較不願意接受挑戰。有同學走學術殿堂，走政務行政系統，有人成為很有經驗的臨床醫師，有的下鄉服務甚至偏鄉懸壺。但是走小分科也一樣有其不容易的地方，這些總是能實現他們的功課，功課不分大小。回過頭來看小學同學，老師詢問小學生將來長大做什麼？每個願望不分大小都是期望自己的願望能實現，但多少人的願望是利益眾生，成就國家民族的幸福呢？

每個人的才情不同，心性志向不同，大小環境不同，長輩親屬不同，成就當然不同。但是在成德的路上不分男女、貴賤、地位高低，在神的面前所有人一律平等，在納粹集中營毒氣室中所有的猶太人一律平等。一切佛界平等故，發於無上菩提心。

我們了解自己的命運，做出自己對社會及對自己的付出，最後由神來審判我們，對我們每個人一生的作為做出定奪。我們所處的世界只是一個虛擬實境的訓練場，訓練過程的道具是一個誰也帶不走，名利財色、權智、才能全都帶不走，唯有業隨身。所謂的「業」是磁卡的記憶體，是阿賴耶識的標記，可以讀取亙古而來類似的經歷，直到所有的**業消情滅**，成就正等正覺的菩提行（金剛道上異熟空）。萬般帶不走，只有業隨身。永言配命就是希望每個人了解自己有限的能力下，不要有不相配的非分妄想，只要老老實實地設定好每個角色，做好份內應做的事工，做好一些乃至多多屬神的事就是自求多福。其實不難，不要有非份的慾望，不求利己的事就不會遭殃。福禍相倚，過多的福，非份的祿，背後是陰陽之禍；陰者潛伏隱藏的禍害和陽者世人皆知的公開指責與罪罰，所以說禍害也是自己找的不可不慎。凡事若小若大，寡不道以懽成。事若不成，則必有人道之患；事若成，則必有陰陽之患。若成若不成而無後患者，惟有德者能之。[3]

㊂功課不分大小

國家社會承平時代大鳴大放者多，風雨如晦之時，英雄豪傑輩出，但隱士更多。承平之世多儒者，亂世多道家、法家，這些人都是與國家社會興衰，地球環境變遷有關。是共業也好，在世存有的思想也罷，與小乘佛教相距不遠，但大乘佛法更有超凡脫俗且更深層的思想。我們的功課也受了自身靈性（善根、劣根）的侷限，或者說什麼力量決定了我們的靈性呢？這是業力從累世以來，過去現在，甚至不久的未來的因果定律所衍生出來的。這是一種修行證道的功夫。成佛得道的人亦有其因緣，所謂瓜熟蒂落。有情來下種，因地果還生，無情亦無種，無性亦無生。[4]

所以我們不要急，急也沒有用，一層層的修行精進累積資糧，就可以證得無上正等正覺，或為真正的開悟者。開悟也是因次第漸，善知識及善緣越來越多乃至於明心見性。明心見性則不假外求，勤做功課，修正不善業、累積福德，自有成道之日，如同撥雲見日一般。六祖壇經曾言，**般若之智慧無大無小之分**，智人、愚人之佛性本無差別，只緣迷悟不同故有智、有愚。有高智商的愚鈍者，有普通智商的覺悟者，本來**菩提之智，人固有之**。

認識自己是哲學的入門，既已認識自己，就自然會知道自己的功課為何。功課不分大小，順著慧根而為，循序漸進，順蔓（藤）摸瓜。記得永言配命，自求多福嗎，得道之日越來越近。問題是有人聰慧，有人駑鈍，如何能知自己的功課為何？以孔子為例，三十而立、四十不惑、五十知天命。到了今天仍然是如此，一個人的成長，大致上都像是到了五十歲以後才是最成熟的階段，人生也歷練得差不多，在有能力改變或成就更好的事工上，才可以看清楚他能夠做什麼？長處或專長是什麼，社會上的善緣為何，環境能力的資源為何，人生有能夠或應該繳出什麼樣的成績單，有沒有完成自己的使命和夢想，有沒有展現了做鹽做光，體現了他一生的職志。若成就了別人團隊，雖然稱不上功成身退，但是充分燃燒了自己。我們不求留下什麼給後人的東西（legacy），但只求付出、奉獻、所謂消業往生，隨願成就，靈性的提升。最重要的是了了分明，明心見性，成就正等正覺，自覺覺他，覺行圓滿。

到底人的功課是如何定義？以小學生為例，寒暑假課業是學校訂的？老師訂的？也可以加上父母訂的，但是基本功課是在家庭，所以先修身、齊家、再來才是治國。治國的意思不是成為高官，而是能為社會做出貢獻，在三百六十行都可以做出貢獻。最基本的堅守崗位，公正不阿就是良民百姓，也就是不造惡業亦能達到底標。其次，發揮天賦所長就是有用的人。可以造福人群，為增進全體人類的幸福做出貢獻，就是高標、頂標。

第三個層次，找出自己的弱點修正它，如同人工智慧的機器有2.0、3.0版本，把毛病（習氣）改掉，例如貢高我慢、我執、慾望、脾氣、退卻、懶散等等。第四個層次，所謂的世出世間，靈性的感應，非可見的世界或地心引力所能解釋與體會的，是超越現象界的。第五個層次，打破第一、二、三、四層次又可以出世入世自如，心念不起謂之坐，見自性不動謂之禪等等眾妙之門。[5] 功課之廣博如人飲水自行體會，隨著用功的深度，體悟再三，一切困頓自然冰消雲散，撥雲見日。做功課要有愚公移山的精神與毅力，要有非凡的成就跟修行就需要有無比的毅力；唯一的動力就是精進，忍辱可以把精進帶上正信正念的正軌。好的行為及習慣愈多，甚至是愈精進，功課就愈做愈好，所謂得道者多助，自己會愈來愈自我肯定，就可以達到隨順無礙的程度。

註1 慎獨，出自禮記（中庸），民初梁啟超（新民說）以良知為本體，以慎獨為功。

註2 詩經；大雅。孟子曰：行有不得者反求諸己，其身正而天下歸之。

註3 莊子：內篇，人間世。

註4 六祖壇經，禪宗五祖名句。

註5 六祖壇經，坐禪品第五。

6. 又看金剛經

大家都公認金剛經是佛經般若（大智慧）部的精髓，而心經又是大般若經中的學觀品及相應品以及金剛經的摘要。我們中學考試前大概會複習摘要及劃紅筆的重點，以把握時間，**心經就是金剛經的重點摘要**。但最重要的是，我們事前有沒有瞭解，這樣才知道重點是什麼，否則只是死背而已。阿難以強記聞名，但他不是智慧第一，所以背誦很多經典，仍然是釋迦牟尼佛圓寂後僧團中最後才開悟的。也就是說看不懂金剛經者，只是背誦了心經，仍然離道甚遠，不得究竟。要懂金剛經可以從大般若經著手，但是根器高的可以直接修証金剛經。但有用心則好，凡事皆有水到渠成的一天，苦行苦修也有金石為開的時候。當然須菩提長者以解空第一著稱，所以是金剛經的引言者，他來發問那麼釋迦牟尼佛來回答。首先大家必須記住釋迦牟尼佛為何出家？就是為了破解人類最根本的苦難，生老病死。他苦行苦修六年仍不得以此法門得到解脫，甚至營養不良，低血糖蛋白質不足而暈倒。後來他發願不成正覺永不起身，當時他修到非想非非想（非有想，非無想）的境界，已經沒有師父了，但仍未修得正等正覺。某夜晚（十二月初八）在清澈夜空的菩提樹下開悟，**一切眾生皆有如來智慧德相**，但以妄想執著而不能證得。**原來一切只因執著有身，外求以為有法，終無法得到解脫**。所以金剛經是一部解脫生老病死之法。我們研究金剛經就應該從釋迦牟尼佛如何破解生老病死開始，所以最前面和最後面是關鍵，我們肉身、報身存在的意義，以及驅動肉體的感覺、意識、意志，或是心、靈魂運作的機轉是什麼？最根本處是我們顛倒夢想，不能認知肉身是借來用的，當然會成、住、壞、空。解釋很多機轉是有為法，金剛經是一部無為法，我們的心，因為文字起了心念，生了執著，於是迷失了方向。金剛經及般若波羅密多心經被翻譯成很多世界多國的版本，但是多數學者執拗於辯證邏輯和方法學，不能理解佛理。誤以為否定的否定應該是肯定，不了解無心、無見的觀照，迷途於有見的思維上。**妄真同二妄，空有二俱非**[1]。其中的奧妙就是持**中觀**的想法來看這世界[2]。佛法是很合理且嚴謹的哲學思辨，並不是神祕的宗教，它所以難懂是一般人用錯誤方法。基督徒死後復活，如何行最後的審判也是同樣的道理，無法以有見的方式證明。尤其老、病、死這些在醫院裡、安寧病房裡每天遇到的大難題，所謂生死大事、無常迅速應該可以在金剛經裡得到人生智慧與答案。我們談人生功課是什麼？如何自己覺悟又幫助他人覺悟，那麼金剛經是最好的答案，幫助臨終的病人放下執著，度過苦厄難關。

㊂文字的力量與迷思

自古有相當多注釋金剛經的版本，到底我們後學得到了什麼？為何仍有許多出入？為何仍然是不可說，不可名，不可道，都說不中？禪宗的主旨是以無念為宗，無相為體，無住為本。既然無念，不起心念，不執著於心念。有心念就有文字在腦海中升起，就會起了名相，著了名相後又生執著。有執著即有住，心中有住就不得清靜，所以禪宗不立文字，教外別傳，以心印心。高階的授課是沒有文字的。六祖本人卻是聽聞一句「應無所住而生其心」得到開悟，雖然也是文字。很多人修行金剛經在此遇到瓶頸，為何六祖能，而他們卻百千萬思不解？其實是累世慧根之故。

大家又會問，沒有文字，沒有語言，我們哪會懂，這些內容都太抽象了。其實科學中的物理、心理、哲學、形上學有很多部份也是抽象的。當我們介紹事物的時候，視覺影像的功用大於文字描述，我們藉視覺比較容易懂。嬰兒的學習也是如此，視覺發育得早，接受度也高。所以我們的學習是從視覺開始，聽覺次之。再持續進化，受教育的過程就必須用文字來表達，文字成為描繪人類世界最重要的媒介。有了文字的表述就有所謂物、事、法則的定義，人們互相溝通的定義是很重要的。

接著我們學習如何生存在地球上，除了生物本能的叢林法則外，我們還有自然法則，各種社會的道德法治規範。這些所謂的文明，人類與其它動物不同的就是語言及文字。你說文字重不重要？沒有文字就沒有科技運算、金融交易，生活將會回歸原始。文字當然是入世最重要的工具。文字的力量很大，有文字才有知識，有知識才有力量，才可以掌握世界。我們看中華文化最重要的兩位奇人，老子與莊子，史稱**老莊哲學**，前者用字很少，很簡潔明快，後者著作多，詞藻優美且成語更多，影響中國文學最大。老子道德經第二章云：「**是以聖人處無為之事，行不言之教，萬物作焉而不辭**。」莊子卻用齊物論來描繪大千世界，用文學家誇張的手法，諷刺性的比喻來處理。但都不違背「**道可道非常道，名可名非常名**」，又說「**無與有，同出而異名。同謂之玄，玄而又玄，眾妙之門**。」看似文字的力量，但世人因而迷思。既然這麼簡單的地球宇宙，天、地、人，為何說明得如此玄妙？其實正是凡人用狹窄的眼光看世界

（以管窺天，以蠡測海），才會以為世界如此簡單。就像古人以為地球是宇宙中心，太陽圍繞著地球轉，又以為地球是平的。因為老莊的智慧超出凡人兩千年。他們是得道的奇人，反而不受當權者重視，歷代君王推崇孔學，志在儒家內聖外王的學說，尊王攘夷以鞏固王權，進而達到王道社會的理想。

回頭來看禪宗，再看金剛經。六祖不立文字，惠能本人不識字，他聽到「**無所住而生其心**」就當下開悟了。心若有所住，必住於我、相、法。倘若無法、無相、無我，那麼任何事不在我心上，心又有何所住。心是無所住，無著力的地方，但隨著事物生心，隨無生心；譬如明鏡，物來則現，物去即無；當然前分與後際而言，心不曾住於無有之處，那麼立文字只是借來用用。文字不能有百分之百傳達確實意思，就不應該被文字限縮思想。可參照文字般若，觀照般若，實相般若之關係。

金剛經開頭由長老須菩提合掌恭敬提問，**善男子、善女人、發阿耨多羅三藐三菩提心，應云何住？云何降伏其心？**

看金剛經，就要看釋迦牟尼佛怎麼描述花花世界**本來無一物**。對照老子道德經就是**無與有，同出而異名**。我們眼睛看有這個世界，有我們居住的房子，有田園，有太陽、白雲，為何說本來無一物，是睜眼說瞎話。確實是睜眼，但是卻瞎了眼，我們依賴眼睛，用視覺來認識這個世界，有什麼錯嗎？其實並沒有錯，但是也是錯的，因為眼見不足為信，因為所有眼見短暫的存在終會成、住、壞、空。我們認假為真，所以心經云人們常顛倒夢想，不僅看到現有的事物，夢想它的美好，更期待將來更多的美好希望，還宣傳有夢最美的口號。每個人都期待明天會更好，但也有很多人瞭解人生的無可奈何？又能怎麼辦？所以我們對此花花世界產生了喜好、分別心，於是產生了煩惱，心亂了無法安住，有了執著該如何降伏之？

諸菩薩摩訶薩，應如是降伏其心。所有一切眾生之類，若卵生，若胎生，若濕生，若化生。若有色，若無色，若有想，若無想，若非有想非無想（雖不怎麼起心，不管有沒有一點點念想，修行到非常寂靜的境界，禪定狀態，釋迦牟尼佛曾修行到此非有想非無想）。**我皆令入無餘涅槃而滅度之**。這是什麼意思？我們的心念太複雜了，世界千奇百怪，有好多稀奇古怪的事物、東西。我們的心看花了，所以心很亂，什麼都想欣賞或擁有，心很花心，很難降服。釋迦牟尼佛說，這些都可以隨緣入無餘涅槃而滅度之。這還不夠清楚嗎？這些卵生，胎生，有色，無色，有想，無想都可以像黑洞（宇宙星球毀滅處）一樣被處理掉（有學者解釋為這些物種都在將來被度化）。簡單地說，套用二十一世紀的新名詞：**虛擬實境**。閻浮提洲是人類居住的世界，本質是虛擬實境。二千五百年前沒有這個名詞，但釋迦牟尼佛已擁有超級電腦的智慧，看穿了虛擬實境的本質，從根部破解了人類的生老病死。也就是說只有我們接受、放下、頓悟，就可以破解生老病死的人類終極苦難。一切短暫的苦難終將過去。地球上的所有生物，都可以被滅度之。所以人身可以是不存在的，只是暫時幻化於閻浮提洲，因為**閻浮提洲也是暫時存在，本質上並不存在（空中妙有）**，隨緣當然可以被滅度之。所以說是在無餘涅槃滅度的（相對的彼不在有餘涅槃被滅度）。這一句看來不起眼，但卻是佛陀安排的最重要的伏筆，諸多金剛經注釋都未解釋，輕易帶過。接著又說：「**如是滅度無量無數無邊眾生，實無眾生得滅度者。何以故？若菩薩有我相、人相、眾生相、壽者相，即非菩薩。**」我們人類居住的世界是空中妙有，我們的地球人生是因緣幻化的一合相，是緣起性空，可以被滅度的本質。滅度不存在的人、物，本質是沒有滅度任何物。生老病死甚至六道輪迴也是性空，所謂自性本空。我們於是知道人性的驕傲，所知障和煩惱障有多嚴重了吧，很多時候都是自己執著、不甘願，直到良心發現才願意認錯，本來無一物，誤以為我們可以永續地擁有很多。

釋迦牟尼佛又說東方虛空不可思量，當然所謂的虛空只來就是文字的敍述，不存在的無相怎能思量呢？莊子的逍遙遊也點化我們利用比喻的說法，例如大鵬鳥展翼三千里，這是山海經的神話。其乘天地，御六氣，此遊無窮者，利用很多比喻，隱喻我們不要執著於人體的軀殼。不要有太多慾望，順其自然，學偃鼠飲水不過滿腹，鷦鷯巢於深林，不過一枝。與天地同遊，不要在乎別人的是非、誹譽。大小相對不可思量。你說多大就有多大，深海中的大章魚，不可思議的比魚船還大。

虛擬實境中的虛空當然不存在，那麼我們可不可能以身相見如來。如來圓寂後不曾化現於虛擬世界。假若我們可以用肉眼見如來，那麼如來也變成虛空了。這不對，因為我並非沒有，雖然也要談無我，所以如來也不是不存在，那是我們看到的是虛空，就不得以身相，三十二相見得如來。另一個原因就是觀見的本質也是虛空。因為眼睛也不存在。眼睛的視覺也是借來用的，所以不能以虛空以及不存在的觀見，見到如來的身相。

我們看不清楚這個世界的本質全貌，如同瞎子摸大象一般，有人摸到耳朵，有人摸到鼻子……因為大象太大隻，所以摸不完全貌就開始下結論，所以每個人看到的面向都是片面的。比如以哲學來講，唯心論，唯物論，存在主義，命定論，唯物辯証論，理性與道德的批判，理型（ideal）與意識，萬物有靈論，一神論，多神論，無神論，儒家，道家，佛教等等，如何看待這個世界，宇宙運行，守恆，甚至測不準理論，全部都在描繪我們存在的世界，地球，太陽系，宇宙，天體。這些**閻浮提洲等天體也是暫時存在，本質上並不存在**，都可以被佛陀滅度之。

我們學會的，幾乎以眼見為信的科學觀，可以証明的，至於眼睛見不到的，科學未能探索，甚至無知的，俗稱之為「不可知論」也就是沒有信仰。很多人沒有信仰，很多自稱為基督徒者，很少上教堂、教會，其實與不可知論者一樣，大部份是相信科學。但是愛因斯坦教授（質能不滅定律）是虔誠的教徒，相信有神的存在，祂並安排了每個人的命運，教授不是不可知論者。一般認為人與人相處，有兩件事是特別需要小心處理，其一是政治立場，其二是宗教信仰。一般西方人認為有信仰的人比沒有信仰的人可靠。有趣的是英國人數學家兼哲學家羅素，在中國講學多年，在二十世紀初就非常推崇中國人的哲學素質。他認為中國人在釋、道、儒的哲學思想所交匯影響的文化下，平易近人，吃苦耐勞，愛好和平，與世無爭。喜歡恬靜，獨善其身。中國人雖沒有固定的信仰，確有最高水平的哲學素質，這與深植人心的老莊思想有重大關係；以及農業社會演化而來的民間信仰，混和著以佛修心，以道養生，以儒治世的中道精神。從老莊思想與釋迦牟尼佛的經書中，我們領悟了，大與小如芥子納須彌山，強與弱如上善若水，世界的本質是實相與虛相的對比。這些相對的本質，讓我們知道，有物質、有反物質，有正電荷、有負電荷，有禍、有福，其實都是相對的，互相依存，陰陽平衡，沒有分別。眼睛看得到是實相嗎？其實是虛相，所以看不見的虛相如神鬼，或許在另一個平行空間，可能影響更長遠。到底短暫是實或是虛，長遠是虛或是實。父母親對我們的愛，我們忽略了多年，但永遠找得到父母愛你，神也是一樣，我們是祂創造的，祂可以滅度之。同事、朋友的愛是短暫的，但我們需要他們甜蜜的共事與幫助，雖甜蜜但是緣淺，很容易分開，父母的愛是常常久久的。

我們要常常觀察到事物背後的理型，理性背後的完美，一種真實完美存在的樣態。不要被表象騙了，多應用我們的意識，不要讓智慧睡著了，如此我們看世界才可以了了分明。

釋迦牟尼佛告訴須菩提，**所有相都是虛妄**，就是告訴我們視覺是借來用的，眼見為信是可以的，借來行走於世界，但是仍然是虛妄的本質，不常存在，會成、住、壞、空。不足以依賴此，要小心背後的影響。所謂見樹究竟何樹？見林不見樹，見樹又見林，最後不見樹也不見林；若是見空，復問何空的多層心識的轉換。吾人易受表象影響，不了解**樹、林、觀見都是虛妄**。釋迦牟尼佛告訴須菩提，若能領悟**凡所有相都是虛妄，見諸相非見，即見如來，**那麼能安住且生信心者，非常難得，都是累世修行，才能達成此境界。**菩薩無住相行於布施，福德亦復如是不可思量。如南西北方，四維上下虛空不可思量。**

很多人對信仰沒信心，急功近利，總要有拜有保佑，有吃藥要馬上見效才可以。所以很多開業醫生，怕無知的病人，服一天藥，甚至一包藥無效，就不再上門，所以該醫師不開，旁邊的醫生娘也會勸他開猛藥。很多人喜歡福報，希望他所做的，神都看到了，福報滿滿跟著來。所以很多商人、生意人都捐錢拜一些神靈希望獲取福報，這種情形嚴格說起來並不是信仰，沒有宗旨，只有賺錢，擋小人；反觀社會上有許多為善不欲人知，默默地服務，這才是不住於相，行於布施的典範。六祖曾言：擬將修福欲滅罪，後世得福罪還在。

上述這段是破解世間法最高的心法祕要，**所有相都是虛妄**，這段難關開通了，下面的金剛經就通了，就像數學同理可證。如無法、無我、法空、我空、無五蘊六識、無說法、無心、非心、諸心不可得、無內（法與相）、無外、無住（無念），跟著此頓悟，一一破解智慧的門，一扇一扇打開。金剛經難在最前段，因為我們用慣用**有見、有我、我執**的思考，那麼就容易顛倒夢想。若我們反向來思考，就會探知我們思考所不足之處，**就是理性的盲點。佛告須菩提！若菩薩有我相、人相、壽者相，即非**

菩薩。

㊂觀見的本質

但是仍然許多人認為眼見我們才要相信，所以耶穌釘死十字架後復活，其它眾人藉看見耶穌復活的義人口耳相傳，終於相信有永生，有復活，才開啟了基督教廣傳於歐洲的契機。沒有神蹟，就很難信服眾人，讓他們相信有天國的事。一旦相信之後，因信稱義，就不需要常常顯靈，顯神蹟來幫助傳教的事工。

傍晚我看到了清澈美麗的朵朵高積雲，掛在馬偕紀念醫院的藍色天空上，十分動人。但我轉入嘉興水泥大樓的巷子邊，是向西的方向觀看同樣的天空，卻是得到灰暗但鑲有少許金邊的雲彩。由北往南看，是藍天白雲，由東往西看，卻是灰色的雲朵帶起了金邊。這兩種不同角度的觀看天空，得到的是兩種不同的感覺。在楞嚴經中說明的是**同分妄見**，同樣的東西，同樣的時空，卻是看到不同的結果。但都是同樣的雲彩，所以**觀見的本質，其實是虛空的**。不可靠的。

同樣同眼睛的感官，仍然有耳、鼻、舌、身、意，都是一樣的道理，感覺神經的主觀性，不確定性，同樣是空相。那麼**色、聲、香、味、觸等相對應的作用也是空相**，是暫時存在，借來用用的。

我們用肉眼看世界，看到的我相、眾生相、壽者相是在這個時空看到的，時空會變。最重要的我們**觀見是攀緣，是空性的**，所以我相、眾生相、壽者相也是空性的。或許我們要問，我們看到的世界眾生既然是空的，為何他們又看得見，也存在於彼。釋迦牟尼佛說這是**一合相、因緣、因時、因地而化現**，以前沒有好的形容詞來說明這種一合相的**空中妙有**。到了二十一世紀，3D列印、5G網路加上人工智慧，終於拿到了神技一般，展現於**虛擬實境**的各種電腦遊戲。我們借由電腦可以投射過世的歌星，出現在舞台上表演。戴上虛擬實境的頭盔，彷彿彼歌星仍活在世上，甚至可以互動。依此來看，暫時存在的眾生相、壽者相也是類似虛擬般的與我們互動，所以不取我相、眾生相，人物不在，何來有法耶？故法相是因為有當事人、我相、眾生相而存在。既然無我相、眾生相、壽者相，也就沒有法相存在的必要。**法因人而生，無人、無我、也無法可言**。**是故不應取法**。楞伽經說得清楚，共相而來不應著相，一切法相無所計著，所以以**四句（有、無、俱、離）**觀一切法。**生滅相的相轉分別是：因、**

性、緣、成、相、集、生，分別導因為現在、過去、未來、催化、內在、外表。[3] **這是一合相的表述，但不可說因，不可說無因。緣起性空的本質是不可說的。這是第一義不動。**

若說無法相可言，就應該無非法相。這也不對，因為無非法是與法相對立，一方若不存在，對方也相對應不存在。所以金剛經說**不應取法也不應取非法**，釋迦牟尼佛又說**法如筏喻者，法尚應捨，何況非法**。說法就是要讓眾生明白道理，就像乘竹筏到對岸一樣，已經渡到彼岸就不再需要竹筏，同樣的也不需要有法了，法是假借來用的。簡單的說，禪宗最常用的公式或例子就是說「說一，即不中」。若問到你是誰？我是張小明，這就不對了，叫張小明的人很多，不一定是你，你是那個張小明？文字就有文字上不足之處及謬誤。

即使有人在說法，解釋教義、道理，這只是手段和工具，如同渡河需要借用小船，用過即棄之。佛經曾言既以治煉成金，就不復為礦，所以**法**用過，已治煉成金，故不再取該法。所以法可以捨去，更不用再談論非法的地位了。

若我們讀懂了金剛經，漸次修行成就正等正覺的覺悟者，我們是不是有一法研究後就可以成佛？當然對仍然不懂佛理的凡夫是如此，但對通過而覺悟者而言，則**無**

一定法如來可說。這就是**法空**的由來。若真有一法可說，可取，那麼就有定法可說的人相、我相、眾生相。所以其實已經覺悟了，就無一法可說。因為此世界是虛擬實境的泡沫，**泡沫破了，豈存一法可說的道理**。若說仍然有法，那麼那是世間法，跟大智慧的佛法不能相提並論了。

世上聖賢很多，倫理、道德規矩很多，法律條文多如牛毛。但我們又說佛法不異世間法，所以從世間法逐步修行，也可以達到無為法的境界。常用的世間法是有為法發展到極致，或許可達無為法的邊界，我們的心更加豁達，從小乘修到大乘。所以說，**一切聖賢以無為法而有差別**。

以孔子為例，三十而立，四十而不惑，五十知天命都是有為法的表率。到了六十而耳順，七十而隨心所欲不踰矩，就修到了無為法的邊界了。若能無心無欲，毫無規矩，就到了更高的層次。不踰矩，還是把自己框在一個「法」裡面，仍然有分別心，好壞、美醜的俗事之準繩，以老子的標準而言，孔子到準菩薩的位階。

接下來釋迦牟尼佛推崇**布施**，為何金剛經在此插入了布施的議題呢？因為須菩提聽聞至此，仍未掉下眼淚，仍未被打動真心，所以佛陀換了一套說法，看看須菩提會不會動心。古人如同現代人，也喜歡用錢布施，放生小動物，想多積一些功德或福德。這一段金剛經也很重要，因為世人稱捐錢蓋廟是做功德，其實不是，依金剛經所言捐獻錢財是福德，但福德多非福德性，例如達摩祖師回答梁武帝的說法，不認為有功德，只是暫時說福德多。但為他人說法，受持乃至演說四句偈，如**空身**、**空心**、**空性**、**空法**，**苦**、**集**、**滅**、**道**等道理的功德，更勝財布施，捐錢蓋廟的福德。財布施如同給窮人一條魚吃，為人說法是法布施，比如教導別人耕作，如何養魚、釣魚。所以法布施比財布施福報更大。教人種菜、養魚是不是有說法呢？其實眾人一學就會了或本來就會，只是生疏了。所謂佛法，即非佛法，不異世間覺是種菜法、養魚法，學了就會了等於沒說啊。

那麼我們這麼做，看懂了斷二障，去所知障，斷煩惱障，如此修行，是不是証得了果位，所謂的初果，即**須陀洹**果位，**不入色聲香味觸法**，**是名須陀洹**，名為入流（去積習、無憂）。須菩提回答，沒有啊，須陀洹的意思是入流，但一切虛空的本性，他並無所入，也就是須陀洹果位的人已經出世間，非入世者，所以無所入，當然也不落入花花世界的色聲香味觸法。同理可証，過了初果，修証到了二果的人，名**一往來**（証得我空、法空、煩惱捨盡），需再入世一次，圓滿不犯錯，再回到淨土，稱之為**斯陀含**，已達不再退轉的層級果位，已煉成金。但彼果位証得者，無所求，無為，無所為而為，所以有無往來都無分別。

再修証到更進一步（淨空喜樂），就是三果，準阿羅漢了，就是醫學院的實習醫師，快拿到証書了，**阿那含**是三果的別名，此時不再入世，沒有需要了。再更進一步，修証到無諍三昧，真正禪定（苦樂雙亡、破愛樂欣喜），離欲**阿羅漢**。可比如是可以懸壺濟世的醫生了。當然他不會拿著招牌、証書到處宣揚，因為是離欲阿羅漢，好好地觀世間的聲音，成為樂阿蘭那行者，解脫眾生苦難。

是行者、醫者，你不會特別標榜是那一家有名的醫學院畢業的，很像有炫燿的意思；所以說如來不說祂在然燈佛所修行並得到授記，是莊嚴的地方，也不說來自、訓練自莊嚴的地方，有說就等於炫燿，是有高低的分別心。

所以說只有很謙虛者才會生清靜心，又因為有清靜心、平常心、才不會住色生心，不住五蘊六識而生心。大般若經言，凡修得第一、第二、第三、第四個果位，乃至開悟無上正等正覺者，心中不可以有已獲得果位自居的懸念。有此念頭即心有所住，若自性不空則不得寂靜。

㊂布施什麼與為何忍辱

接下來佛陀要以身命布施來打動須菩提，想想看每個人都有布施的心，但布施多少，拿全部生命或身家性命去布施嗎？多大？多少。這裡釋迦牟尼佛開始鋪陳其邏輯思想，準備讓須菩提感動。整部大般若經六百卷，兩百七十五品，須菩提長老與舍利佛（文殊菩薩）對話辯証都不曾涕泣，也沒有激動的樣子，很像他都懂了，因為須菩提長老是佛陀門下十大弟子中解空第一。光悟証世界的虛空性，行無為、無所求之事，那麼我們為何成為人，有何需要存在於世間？又比如宋明理學的核心宗旨，「**去人欲，存天理，心無體，以萬物的感應為體**」。好了，存了天理，有了感應，又與我們不短、不長的人生有何互動？既然人世間一切都是化生，都是虛擬，那麼存在主義不就很重要嗎？到底我們存不存在，而存在的意義又是什麼？

存在主義的特色以**在世存有**，being，being together 做為人生的價值。這西方的主流哲學觀與東方思想可有交集否？都是闡述哲理，都可以影響我們做人處事的態度，當然是很重要的。現代二十一世紀很多人失落了，從七十年代至此差不多有四、五十年，在高度工業化環境下，不少人失業，更在全球暖化、氣候變遷的天災和貿易戰爭中，淪為政客互鬥的犧牲者，淪落北漂的工作者，甚至成為國際難民。沒辦法有理想，沒有幸福，只剩下小確幸。唯一能做的事情，就是各個階層的人刷存在感，政客藉發語權展現存在感，小市民則由多賺兼職外快藉購物、旅遊、打卡，來得到存在感。但是做這些事都是生活所必須的嗎？有價值嗎？能長久嗎？資本主義的毒瘤就是要更高，更多，**the more the better**。除了銅臭味，沒有別的理想。南販珍珠北販鹽，年年幾倍貨財添，勸君止此求田舍，人欲多時何日厭（關帝廟第六十八籤）。所以**在世存有不是只有為己，而是同時也要扶持他人**。一根蘆葦無法直立於荒野中、水澤裡，必須互相依賴，佛經的比喻就是**束蘆**[4]，無此就無彼，無彼亦無此。兩者互相依存的緣。所謂好的緣，是多方的、互動的，前後左右交相應和的。因此幫助他人才是我們存在的目的，所以俗話說助人為快樂之本。如何做到呢？這裡釋迦牟尼佛提到了**布施與忍辱**。但是我們還得注意，**因緣只是表象，並非一切終極因（第一義）**[5]。

這個閻浮提洲在金剛經前段已被放空了，那麼在這虛擬實境中，我們要如何做？就是年輕電玩迷所說的練功。練什麼功呢？放空了世界，就應該補進天理。去人欲，存天理。什麼天理呢？不說打高空的天理，就以入世的觀點來看我們還能做什麼？但又有所為，有所不為，無所為而為。佛陀提出了六大方向的指導原則，**持戒**、**忍辱**、

布施、精進、般若、禪定，所謂的**六度**，只要這六度修得好，不用花時間找八萬四千法門，**以一門（心）**為宗，進入即可達標，**啟多門而無礙**，進入眾妙之門。

我們不詳須菩提的個人背景，但知道他出身於富家子弟，自小喜歡布施，甚至身上的衣服都脫下來贈送窮人，父母親都覺得這樣做莫明奇妙不太好，就把他關在家中讀書，他飽讀印度宗教書籍，後來成為解空第一人。但須菩提跟隨佛陀後，他布施的習慣是找有錢的富人行乞，他認為貧窮人很可憐，不應向他們行乞。因此富人一點都不在意捐出錢財給須菩提，同時大迦葉尊者卻相反地往貧窮人行乞。僧團對兩人不同的作為都嘖嘖稱奇，到底是什麼原因，他們有如此大的差別。大迦葉回答，向窮人行乞，要他們布施，是給他們做福德的機會。須菩提後來也覺得有道理，雖然他聰明，很會解空，但這一層深思他沒轉過去。

後來須菩提在般若會上，提出他的疑問，對於有布施的善男子善女人，已發了心，但如何安住之而不受妄念的紛擾。所以金剛經回應了此段，以應和須菩提的疑問。釋迦牟尼佛用大身、恒河中的諸沙，來描繪什麼叫做多，若用七寶滿佈恒河沙？來布施三千大千世界，是有多少的財布施啊，當然不可勝數。但佛陀說善男子善女人**若持四句偈，為他人說來布施，此布施猶勝前者**。

好了，須菩提從小喜好布施，或許他自以為看得很空，很超眾脫俗，但釋迦牟尼佛一句法布施猶勝財布施，警醒他。原來須菩提當時仍不完全解空成功，仍著了一點相，還是執著於找富人行乞。接著佛陀加把勁，把空相解釋更清楚，有執著多少、大小、有相，則無法解空。所以**不能以三十二相見如來，以受持四句偈：空身、空心、空性、空法，說法猶勝以恒河沙等身命布施**。終於須菩提深解義趣當下開悟了，於是涕淚悲泣。須菩提俯仰擦著淚向佛說：「很奇妙稀有啊！世尊！真是稀有到了極點。我過去未曾聽過這樣的法門」。沒有眾生，沒有眾生相，**不執著於名相，空理自現，才能見到自性**，認識本來具足的自己。

有信心則看破假相，而生實相。**如來說一切諸相，即是非相**。再進一步打破實相，是實相者則是非相。是則不是，不是則是，因為諸法空相，不可說也。**如來是實語者，不誑語者**。如來佛不說假話、空話。空滅既滅，則無空、無滅可說。虛擬的東西，沒什麼可說，這麼思考圓融可以成就第一功德，**有相則為垢，無相乃見佛**。

再過來金剛經就要談到**忍辱**的功夫。為什麼呢？因為有相，著了相，有名，著了名相，就會覺得自己被不合理對待，不被尊重，所以看似有名，有相。世上很多人覺得委屈，憤憤不平，其實認真想一想，就是執著於有相（不少高位的人會向低階者炫示，知道我是誰嗎），放不下八風誹譽，士可辱，孰不可辱，等等的情緒，有情緒就生瞋恨，發怒。對空無一物的虛空發怒，當然全部修為頓時化為烏有，所以說怒火燒盡功德林。那麼該怎麼做呢？佛陀訓示我們要布施，這是我們存在的本質，要服務人群；但一定會遭遇世上不同的指教批評，所以我們要能忍辱。佛陀曾多次輪迴中被割、被殺、被支解身體，但爾時佛陀無我相、眾生相、壽者相，頓時放下，原諒對方之無知，又深知無相、無身之因緣合和，所以佛陀不生瞋恨，做了**五百世忍辱仙人**，成就離一切相的無上正等正覺，發阿耨多羅三藐三菩提心。**一切法無我得成於忍**，此功德更勝財布施，因為**菩薩不受福德故**，**菩薩所作福德不應貪著**。

所以因為無相、無身、不著相、不住於法，故菩薩心不住法而行布施，也就是俗稱為善不欲心知。**若住於法而行布施**，變成有目的行善，則**如人入闇**，什麼都看不見，也就成就不了什麼。西方有一宗教，習慣討好神，希望神看見他們日行一善，每日行善畢，則不論其是否打烊了就不繼續行善。他們因害怕得罪上帝而行善，屬於有條件行善，是有所住生心，住於法而布施，這樣有所執著地做不算義人。所以諸位應該要不住於法布施，不住相布施。

所謂知行合一，思想上不住於相，不住於法，沒有為何而為。行動上布施也不分大小，並不是一定得要用恒河沙等不可思量的量來布施。只是財布施不若法布施有殊勝的福德，德布施，無畏施也一樣。三者都值得稱許，唯後者仍勝彼。佛陀告誡須菩提，既然已解空矣，下一步是行動，即**菩薩為利益一切眾生故，應如是布施**。我們看看華嚴經出現最多的句子是，**饒益眾生**。因為世上每位眾生都在辛苦接受生老病死的考驗，沒有一位是例外，所以開始的覺者應該幫助他人自覺覺他，才算得上覺行圓滿。若能這樣做，我們才是明白者，**如人有目，日光明照，成就無量無邊功德**。注意看，此處是功德，而不是福德了。寺廟中的香油錢，寫的是功德箱，應該修正為福德箱才對，才會鼓勵眾生往智慧開悟的路上精進。而不是捐了大筆鈔票，就以為奉獻很大了。佛陀告誡我們，**若菩薩心住於法而行布施，如人入闇，則無所見**。這是錯誤的修行方向，但是世人習慣如此，也難怪証不到佛法精髓，走了幾十年修行的冤枉路。

接著釋迦牟尼佛再加把勁，有人日以繼夜，一天三次早、中、晚都布施恒河沙般的量，年復一年，甚至無量百千萬億劫，仍比不過聽聞金剛經後開悟而且信心不疑，不退轉，甚至印經書，為人解說，自覺覺他，其成就更不可思量，功德無邊，善哉。佛教有大乘佛教，小乘佛教，國人常有的慎獨思想，即金剛經中所言，樂小法者因為著相、著我見、人見、眾生見、壽者見。那麼他們因為不究竟，沒有得到金剛經的精髓，所以不能為人解說，會愈描愈模糊。金剛經像清澈的水，清亮潔淨，加一分、減一分都不行。不究竟者在解說金剛經會有上、下不連貫的問題，金剛經就是一場演說，其綱要前後是有邏輯性的，一扇門接下一扇門，一步步開啟。到了布施這邊就是指出人在世修行，就是要落實服務的人生觀。其實我們回去看禮運大同篇的理想社會，也是服務人生觀的最高體現。老吾老以及人之老，幼無幼以及人之幼。物不必歸於己者，不必為己，物盡其用，貨暢其流，不必為私，所以最後天下為公，盜匪不做。看看現在的世界，簡直亂極了，上下交爭利，君不君、臣不臣、子不子、父不父。老子道德經最終章說**既以為人己愈有，既以與人己愈多**。天之道利而不害，聖人之道為而不爭。不爭不有，才是天下太平盛事。

我們現在的問題是西潮東進，以其強大物質享受、科技工業文明，吸引東方民族從純樸的農業社會，轉型到工業社會，並以工業化指數，人均所得來定位國家的文明程度（已開發，開發中國家）。我們有至少五千年文化的民族，竟然被三、四百年前才統一建國的歐洲諸國來定義。所以我們應該忍辱，資本主義終有失敗的一日，脫離不了強取豪奪的野蠻思想，藉由戰爭奴役他人，要求更多，the more the better 是資本主義功利社會的神主牌。像老鷹、像獅子，希望統領世界。

接著釋迦牟尼佛告訴須菩提，有**受持讀誦金剛經者，廣為人說，果報不可思議**，尤其到了末法世界，護法者愈來愈少，人心愈來愈背離正道。人類所受的教育大多為了求生存，求更好的物質享受，因此競爭激烈，心身俱疲，沒有能力、實力持誦此經。又有樂小法者，以魔亂佛，謗佛，或披著羊皮的狼，假佛外衣，依他們所瞭解的、不究竟的佛法，以三分真，七分假的講道，迷惑大眾，佛陀稱彼為邪師。又以種種恐怖管理手段，控制信眾思想、行為。加上有心政客為了選票縱容此妖言惑眾，蠱亂人心的邪道，此現象讓有心皈依佛者，因誤入歧途，反而大大退轉。

什麼是三分真、七分假，其實就是山寨版的複製品、仿冒品。假活佛、假和尚、假上人。社會上三人成虎，有三萬人、三十萬信眾，甚至百萬，能不成虎嗎？這種宗教詐騙，在二千多年前就已經被預言了，所以這是勢必發生之事，是末法世代人類的悲歌，是魔鬼戰勝真理的世代降臨，直到毀滅。一個被玩爛的虛擬世界，等著惡魔由狂笑到哀號，死去的惡魔仍有他們的接班者，惡魔們。最大的原因只是利用眾生的無知。

我們發心，發無上正等正覺的心，行為上又行無所住行於布施，看起來已降伏了心，當生如是心。佛陀說我又要滅度眾生，眾生滅度已，滅度光光了，然後佛陀又說我真實沒有滅度半個眾生。為什麼呢？真正心已被降伏成為菩薩，就是覺悟者，他哪有眾生相、壽者相呢？既然沒有相，沒有實體就無所滅度，這再回到虛擬實境的境界想想。不得因此認為我是覺者了，我不退轉了，不是這樣的，本來無一物，無眾生。我們悟道，不是有法、有經才得到正等正覺，法已用過，已丟棄，說法如筏喻者。若我們常說我讀懂了金剛經，是覺悟者，我不退轉了，金剛不壞之身已成就了。是啊！很好啊，倘若那一天生病了，生了大病，到了醫院請醫師救他，他辯說他還有很多任務，不能死，必須快快救他。這種程度要如何授記他們呢？孝子不會天天告訴外人他有多孝順，但日常生活孝子的所做所為我們看起來都很孝順，他自己不會感覺，因為那些事他早已做習慣了，都是應該的份內的工作。

法是借來用用的，釋迦牟尼佛告誡我們不要自滿，給自己貼標籤是菩薩。那麼上人呢？對不起，佛陀若在世，一定會當頭棒喝，天下豈有上人乎？此時佛陀又擔心大眾誤解他的用心，又說通達無我法者，點名了，是菩薩。全部打破名相之後又恢復名相，**一切法，即非一切法，是故名一切法**。如是有肉眼、有法眼、有慧眼、有恒河沙，有很多很多沙，這回頭來讓大家方便說話。把虛擬的世界重回現實面，因為本質的虛空，都已瞭解。饅頭不是饅頭，是麵粉做的，是來自麥子磨成的麵粉，這過程不再贅述。好吧，用大眾共通語言，就說彼是饅頭。在此記得了，一切名相就是假借使用，因為都是空性，饅頭這名詞假借使用。

無所住而生其心：

現在、過去、未來，無一心可得

佛陀接著說，有什麼心在眾生身上啊？是諸心，**但諸心非心，假說有心**。所以有過去心、現在心、未來心。但是借假名說有心，其實無心，所以現在、過去、未來，都無一心可得。因為有心則有所住，心無所住，因而**無所住而生其心，心是因緣合和而得，因感應而得，非觀見而得**。宋明理學說**心無體，因萬物的感應而有**。物來則現，物去則無。在楞伽經中說明如何漸次得如來身？**心外無所見**，遠離內外境界；**心現無所有**，離心、意、意識、可得如來身。現在過去未來，藏識如巨海，業相猶波浪，隨各處流轉，個個不相知，大海波浪性，藏與業如是。一切眾生界，皆悉如幻，凡夫都在妄想，執著於慾望界。這是無明與煩惱的由來。**一切法無我、無眾生、無壽者**。

說明到此，眾生、無相、無體、無五蘊六識，無心、無法（無一法可得）、無內、無外。証得我空、法空。因無我無心，故無煩惱障，又無五蘊六識，無法，故不得思量就無所知障。到了這裏，跟莊子所說的呆若木雞沒兩樣了。平凡中再平凡，平凡得不得了。

眾生已無相，當然如來亦無色相、無法相；諸相其實具足，就說非具足。法相莊嚴亦不可言說。釋迦牟尼佛復次問須菩提，他有沒有說法，說金剛經啊，當然沒有，因為**無一法可說**，**法亦非法**，**非非法**。但是表面說，好吧！我有說法。所以有眾生，**眾生其實也是一合相中的虛擬實境**，彼非眾生，又非不眾生。是即不是，就回頭稱為眾生，這跟饅頭的道理一樣，凡夫也一樣，眾生與凡夫，非眾生非凡夫。「**有我者**，**則非有我**，**而凡夫之人以為有我**。」所以最經典的話出現了。須菩提回應了釋迦牟尼佛，**不應以三十二相觀如來**。

世尊回曰：若以色見我，以音聲求我
是人行邪道，不能見如來

接著釋迦牟尼佛擔心眾生誤會，以為空空世界到頭來一切是無記空（聞空，便即著空），空心靜坐，什麼都不做了，這當然不對。所以再拉回來，空中妙有，花花世界仍在。**發阿耨多羅三藐三菩提者，於法不說斷滅相**，眾生仍得時時刻刻不忘布施，若形成斷滅相，要如何行於布施呢？

布施後不貪利養，不受福德。那麼釋迦牟尼佛深知人們會問佛陀滅度之後才轉變到何處，所以先打預防針，不要執著佛陀到那裏去了，大梵天上九重天，千萬重天。他說我啊，號曰如來，**就是無所從來亦無所去，故名如來**。其實是無處不在，如來如去。連觀世音菩薩都在輪值，聽世人的聲音，佛陀超級熱心，怎麼會不在，我求祂的時候，祂會諦聽；**揭諦揭諦，波羅揭諦，波羅僧揭諦，菩提娑婆訶**。這是咒語，是眾生的 **pass word** 通關密語，釋迦牟尼佛所護持。

這個三千大千世界，則非世界，是微塵眾世界，因緣示現於前的一合相。**一合相則非一合相**，不可說者，如今解祕，就是虛擬實境，不用擔心它是否存在。一合相的世界就是提供我們修行的地方，是我們接受考驗的地方；是我們應該好好服務人群，助人為樂，好善布施的地方。無相為體、無念為宗、無住為本，禪宗的明言，正是金剛經的精髓。

最後我們嘗試以瞎子摸大象來比喻，眾生如何看此世界，**我見、人見、眾生見**，

也是非見。瞎子爬樓梯尚且無法摸清楚大象，我們芸芸眾生又如何知道世界裏外幾十億年來的全貌，我們尚且不知釋迦牟尼佛到那裏去了，無所從來亦無所去。這個閻浮提洲，娑婆世界仍是恍兮惚兮，不可道，不可名，不可說。

一切有為法，如夢幻泡影，我們不再問這個世界是什麼？像什麼？**如露亦如電，應作如是觀**，既存在又消失得無影無蹤。過去是什麼，未來又將如何？放下執著，隨順無礙，隨緣如意，隨願成就。

註1　楞嚴經，卷五。

註2　龍樹菩薩著（中論）以觀察中道做為修行，思想源自（雜阿含經）。

註3　楞伽經，卷二，二生滅、三種相、七種性自性。

註4　雜阿含經，第二八八經，又見宗鏡錄卷四十七，蘆葦束蘆，比喻六根六塵輾轉相依。

註5　楞嚴經，卷四。

康德：第一因：宇宙是存在的，後面必有推動的原因，來自於神（源自斯賓諾莎），第一因不變。第二因，推動宇宙的終極因必定是超出宇宙時間與空間的範疇之外。

佛經第一義：真諦，涅槃諦，諸法性空，第一義不動。第二義：世俗諦：苦、集諦。

7. 諸惡莫做，諸善奉行

很多人不認為他們有什麼錯或罪。凡人有慾望，貪瞋癡就是人類的原罪，是諸惡的開端，是四聖諦中苦集諦之因。基督教的教義中有兩個前提，其一：眾人皆有原罪[1]，其二：耶穌釘死十字架後復活。前提一，眾人皆有罪，都是罪人所以需要被救贖，但誰來救贖呢？所以其二，耶穌替眾人受死贖罪，免了所有因信稱義的義人的罪。所以信者成為義人者被耶穌救贖而得救，反之不然。為何耶穌背了十字架受死能夠救贖眾人？因為他復活了，復活代表人有所謂的來生（死後的生命）的時候，死後又復活在另一個世界，所謂天堂的存在。假若死後罪被赦免能到天堂去，天堂比伊甸園有過之而無不及之處。所以在凡間地球上的人及動物都有原罪，一生下來就有罪所以稱為原罪。有的新生兒就容易哭鬧，生病甚至先天性疾病，成人也是一樣，所以身為人是不完美的，有缺陷的。必須與神接近，接受耶和華為你的神祂必會感應你，帶領我們如何走。聖神的感應聖靈的相通。西方如此人有原罪，那麼東方思想又如何？或稱凡人皆有業也就是業障，與生俱來的特質（俱生煩惱），其中多數帶缺陷的或者說可以改進修正，或是懷有七情六欲因而衍生情仇、愛恨等等讓生活不自在的問題。

有些人的業障問題比較大，有人輕微；有人一再犯同樣的錯誤，有人則漸次修正。他真正的原因何在？又是什麼道理呢？習性是人的習慣與價值觀、思想，及環境所造成，不得不然的特質，這又有先天（俱生煩惱）及後天的（分別煩惱）不同成份。例如我們因血型、生肖、生辰八字、星座所造成的特徵，這些是先天的。在家庭培養的、在學校學習的是後天的，有些人又被朋友、同儕、上班的公司及社交圈的團體和大眾媒體所影響，才是最後人格定型的關鍵。習性和業有著生物不得不然的必然，如求生存的本能和學習，也有先天高貴的氣質，或是狂悖的氣質所不能改變的個性。

外表、內心、靈魂都互為表裡，相互影響。但有些人面善心惡或面惡心善，混合體亦有之，外表像天使內心是魔鬼。俗話常言每個人都有其黑暗面，有不為人知的另一面，但相反地每個人都有其良知良能，有善良的一面。因為我們是神所造的，是神的一部分，我們有神所塑造的影子，雖然有原罪，我們只是折翼的天使，有血有肉有感情，有良善的種子，只是受了累世壞的習氣所影響而蒙塵。我們多數是迷途的羔羊，找不到回家的路，我們需要保護，需要有避難所，需要被指引正確的方向。但是舒適的物質慾望會腐壞我們的良知，向魔鬼靠攏，**魔鬼就像身體上的癌細胞，在免疫功能不全下肆虐，這才是我們縱情於物質世界的結果**。

世界是殘酷的，這是指物質世界的表象；我們的想法決定我們的行為，也決定世界的樣態，因為世界是眾人所塑造的。一個家雖然說外表破舊，但因為有人，有人性的溫馨；另一個家或許是豪宅，男主人是邪惡、勢利的，那麼就會有可憎之處，沒有陽光，只有利害關係沒有溫情。人有習性物有慣性，人的習性藉著色、受、想、行、識，最後記憶於第八識阿賴耶識上（巴利文 a-laya 藏識，執著），那是我們一生表現和作為的雲端紀錄，無法刪除。在佛家的說法中人死後輪迴，依循著阿賴耶識的紀錄投胎到三世情緣的娘胎中，擷取雙親DNA片段形成肉體，人的習性能受雲端記憶的累世影響，先天的氣質也就是累世的習性，與父母個性是獨立不同的。其中難免有些類似但又是獨特的，這些靈魂阿賴耶識的性格影響，近代若干西方人稱之為**細胞記憶**[2]。細胞記憶常見於器官移植的病人身上，也就是接受器官者的習性多少會被捐贈者的器官影響，但是發生率不高。這些僅是假設，重點是你的習性會被記錄下來，直到修正為正等正覺的聖潔的靈魂。除此之外，在靈魂轉世的重新設定過程中，都可以浮現阿賴耶識的影子，這種習性與DNA無關，DNA只影響肉身及其功能表現，當然在成長過程中，先天的習性也會受後天的影響，慾望也是如此。舉例來說，汽車的性能表現也會受駕駛者技術的影響，保養得好壞也是如此。靈肉雖為二元，但也有一元互為表裡的部分，其衍生的進化也應該如此。我們與生俱來有許多本能來自父母的遺傳，但也各自有不同的表現，不同的人生際遇與命運，就連同卵雙胞胎也是如此不同。

諸惡莫作，諸善奉行

諸惡莫作，諸善奉行。這是釋迦牟尼佛初轉法輪的八正道，也是四聖諦中苦、集、滅、道的道諦。就是如何破解苦集諦的方法。包括正見、正語、正業、正命、正念、正定、正思維、正精進。四聖諦的因果關係就是解決苦惱的方法。從另一個角度來思考，基本上就是改造這一世的原型（prototype），它本身就可以有先天的缺陷，我們必須確認缺點為何，這大概要用生命中的四十年時間來真正認識自己。很多人到生命的末了都尚未充分了解自己是誰，因為當局者迷，他真正要的是什麼？理性上需要的是什麼？遭遇的苦惱為何？感性太強或是太弱，他有沒有發揮潛能（正精進）？到底這一世他的角色如何呢（正業）？有帶著使命下凡人間的嗎？例如佛教的初果為何？或須陀洹、斯陀含、阿那含。**斯陀含**是一往來，帶了使命以下來或完成此事之後可免輪迴，又稱為不往來。有些案例是帶著使命下凡後，墜落了、迷失了，或稱為折翼天使，不容易在期限內回超凡之處，好不容易去除的習氣又汙染了，回到聖境之路（正命）又需要重新修行。變成了帶業往生，只因為諸惡壞習慣又起執著了，人世間的多采多姿點燃了七情六慾，業風如暴流，不斷造業如暴流，起了心，動了念，著了迷，黏上了天女散的花[3]。

諸惡就像汙點很難去除，我們打掃房子總有一些陳年污漬是不容易清除的，清除人們的習氣也是如此，但若意會到無我相、無法相、無壽者相，不著相，無所住而生心就可以拉回來，不再執著，任何事物也可以放下，習氣也因此得到修正，所謂放下屠刀立地成佛，拋棄物質慾望的誘惑，迷途知返，回頭是岸。（正念）

諸事無常，諸事也是虛擬的，所以變化萬千，不恆常，緣起隨即緣滅，就像氣泡、彩虹一樣瞬間變化。慾望如暴流薰染現行，現行又薰染種子，靈魂的墜落是如此，虛擬的試探將影響真正人格的塑造。

諸惡多來自我執，執著我所有、我要的慾望，人的自私就是諸惡的溫床，但若吾人去除了我執，也就是去除了慾望，這樣已經非常難做得到，這是不是儒家所說的聖人呢？聖人在莊子的思想中只是及格而已，還有真人、至人、更高的層次[4]。聖人只是人與人的倫理規範，做到不貳過，不犯錯。人與天之間的互動有所謂真人，至人更是超越真人，超越天地宇宙。那麼真人應該怎麼做，做些什麼？聖人、真人、至人、神人誰能改變世界？至人用心若鏡，不將不迎，應物不常。[5]物來則應，過去不留，正是禪宗風格。其實世界是虛擬實境，怎麼變化都是虛擬的宇宙，但是最終目的是改變人類的思想，以至於重返太虛無量光、無量壽、不可思議處。

諸惡莫作只是修行的基本資格，其次要執行的任務就是諸善奉行。也就是以神的樣子做事，聖經腓立比書以基督的心為心。簡單地說就是依良知、良能、良心來做事，這些良知、良能是每個人與生俱有的。刑法言罪人有教化的可能，就是這個立基點。出埃及記中「十誡」記載每個人要勞碌作工，不可偷盜、謀殺、姦淫、陷害人、做偽證、貪念別人的錢財房產一切所有物，要尊敬父母。在這娑婆世界就是善與惡的混合體，有些惡人從不悔改，或許他們的任務就是演出做惡的人生戲碼，請問撒旦會改變他的黑勢力使者嗎？不會的，只有在全人類都成為良善上帝國的子民時，撒旦自然就會從此虛擬世界消失。

神的旨意有誰知道全貌，有光明就有黑暗，只有虛擬世界變化不同的樣貌，**脫離虛擬不受互動，就是功德圓滿的時候**。其次談到諸善奉行該如何做呢？依循著良心做事，既已成金不復為礦。善知識們在日常生活中只有奉行八正道諸善，事功無論大小都是饒益眾生，見賢思齊，做為未開悟者的榜樣，成為迷途羔羊的引導者；充滿陽光正能量的活菩薩，或是大天使、小天使。

儒家所言立德、立功、立言都是君子之職志，高談闊論治國平天下倒也不一定需要，只要修身齊家做好自己本份。助人為樂，自然會得到平常心，因為不與人爭得到清淨心，心無慾望、罣礙得到歡喜心，因為隨緣隨順要求不多，容易滿足，做人好，做事認真，不論斷昨日，不冀求明日。時間是靜止的，一切恬靜，然而在相對流轉的時間、空間裡總會思緒紛擾。入世於相對時間，出世於絕對時間與空間中。

㊂拋開時間空間的枷鎖

金錢是人生的誘惑，時間像鬧鐘一樣干擾清淨。空間是肉體與思想的桎梏與俘虜。若能掏空了時間與空間的束縛，人們就減少了胡思亂想的縱軸與橫軸，穿插在xy軸的則是各種各樣的面孔。xyz三種一起看就是歷史。歷史永遠都是過去式，不努力精進的人不僅走錯方向，離大道更遠或原地打轉，不得出離。論斷別人，八卦流言是世俗的行為，**犬儒般的論斷**是談話的溫床[6]。xyz三軸一起打破有許多人就不知道怎麼過日子。有的魚兒只能活在流動清澈的溪水中，有的魚喜歡混水，裡面的浮游生物及水草比較多，各不相同且水中溶氧量也不同。一樣米養百種人，xyz的歷史一如前頭波浪在長河中化為滾滾流水。**六祖惠能祖師說：見己過，不見他人過，即與道相當**。只見自己的過錯，知錯必改，不見別人的過錯。因為離相乃是佛。若見他人過也須知道過有其前因後果，背景複雜，必要與不必要，必然與不必然，都是人間世事，既是出家人就不論斷俗事，隨緣隨順。老子說聖人行不言之教化，言說本來就很難定義，有的定義說即不中。

◎不論斷別人

非禮勿視（正思維）、非禮勿聽（正定）、非禮勿言（正語）。入世的普世價值是多變的，昨是今非，昨非今是，甚至指鹿為馬，都是利益當前，各自表述的謊言。己非人不非，所以不論斷別人，見賢思齊見不賢內自省，諸善奉行就是多做少說，我們做對的事，做好分內的事，完成理想自我實現。成就感就是對自己的肯定，不是來自他人的評論（正見）。成就感就是對得起父母、社會，完成自己訂下的目標，也就是本書的標題。人非，別人是虛擬實境的，虛擬部分是課程之一，又有何關係；己非，是自己修行不夠，必須修正。所以見到己非人不非，就在修行菩提道上。金剛經說世界是一合相，世界實有者如此，依附的世界非實有者又如何呢？不可測不可量、不可言說，或世俗西方學者所言宇宙平行空間。東方人比較常用靈界。故如來佛在兩千五百年前就曾說是一合相即非一合相，是名一合相，一合相者不可言說。禪宗的老參頭，「言說即不中」。因為存在是暫時的存在，是不存在，是過去存在但在說話當下就過去，前際說話時還活著有生命，後際即過身已不存。凡夫貪著其事以為一直都存在，是不究竟的。所以怎麼修行都不得出離，証不到佛果。借假修真，假亦真來真亦假，真假皆被打破，拋掉過去、現在、未來，不說義不說理，無一法可說。不生法相不生非法相，假借有法來參，用過隨即丟棄，所以才會說一切有為法如夢幻泡影，藉著南柯大夢驚醒迷霧情境。金剛經順著學習或逆向參悟都可以的。

我們的功課沒有大小高低，就是諸善奉行諸惡莫作。沒有推詞，不得逃避。助人為快樂之本，一個小小的微笑，一個體貼回應，多一份關心關懷，行善的事。做公益的事都是聖潔的，能增進全人類的福祉。小學生認真打掃教室，幫忙父母做家事，為社區勞動服務，都算是諸善奉行。

㊂可有做完功課的時候嗎？

有人會問人生苦短，為何需要一直修行奉獻作鹽作光，不是應該好好享受人生嗎。人生就像一場做不完的功課，生老病死，吃喝耕作，維護生命及健康就已經是做不完的功課，人生是苦多於樂，施捨多於接受。因為金剛經有云：諸法無斷滅相，所以布施、持戒、精進是一連串的過程。並非到彼岸就可以休息，或說斷滅法相就是涅槃，是極樂世界，無苦惱之聖境，這種說法是不對的。有人貪著享受福報利養，這是就等同於有所為而為，而不是無所為而無不為了。如如不動，無所從來亦無所去，動如不動，不動如動，我們試想觀世音菩薩要聽受幾十億地球上的人請願，地藏王菩薩需拔眾生出離地獄，這是時刻進行的事件，比恆河沙更多苦難的人不得出離，所以只要有功課就必須好好地把功課做完，每個人落實自己的功課，那麼使命必達。

註1　原罪：基督教重要教義之一，始自創世紀，夏娃偷吃禁果。基本教義者認為人有七原罪，驕傲、憤怒、忌妒、不貞節、貪食、懶惰、貪婪。

註2　細胞記憶：蘇菲亞·布朗，知名靈媒，心理治療師。前世今生的超連結。

註3　天女散花：出自維摩詰經，觀眾生品。天女在天上散下花朵則於菩薩身上落去，到了一般聲聞弟子身上不落。

註4　莊子，大宗師。

註5　莊子，應帝王篇。

註6　犬儒主義，古希臘哲學無情無慾思想學派，現代人慣用於憤世嫉俗的批評。

8. 舊習不斷，新業又再起

人生譬如河中水，又如長風起，因風起波浪，各個不相知。眾報隨業生，如夢不真實。[1] 新業再起如暴流，舊習難斷如頑石。

因為人有身體，有臭皮囊要保養，這個是簡單的事又是困難的事；名利、財色，習氣、慣性都與臭皮囊有關。有了生命就必須維護生命，食衣住行育樂跟著來。諸君試問哪一項不需要錢。小的時候父母養我們就必須出外賺錢，小孩長大後成家立業也要錢，有了愛情結晶生養下來也要錢。錢非萬能，沒錢則萬萬不能。諸惡的最終結果幾乎與錢脫不了關係，名利財色情都是錢的副產品。金錢是保障生存的法寶，水、陽光、空氣大概也被錢沾上了邊。生活必需的油、電、水一旦漲價大概人民都吃不消，通貨膨脹跟隨著來。我們的生活沒有不需要水、陽光、空氣，我們需要吃的食物不論肉、蛋、奶、水果、青菜都與水、陽光、空氣相關。至於現代摩登生活更少不了電，沒有電就回歸野人的生活，或許人口也會大大地減少，現在世界人口暴增，都在搶食物、搶水資源。若少了油電供應鏈，世界人數也會大量減少。在地球上生存已經不容易了，光看自殺率上升，憂鬱症的病人、心血管病人、殘障者、孤老受虐者，人多是非多，壞事多，都是源自生存競爭。造惡業者也會越來越多，台灣也一樣，電子詐騙集團的發源地，第三百六十一行。這麼多壞事天天上演，居然毫無有效遏阻的方法，沒有一位政治人物想把消滅詐騙集團做為政見。享受好的生活是很多人的人生目標，卻忘了人生更重要的功課，只想好逸惡勞享受貴族般的生活。奢望榮華富貴位高權重，錢多事少責任輕，打球打到腳抽筋，這種順口溜說明了從小被呵護長大的人希望能繼續永遠做阿哥貴族。物質生活比對精神生活，從十八世紀工業革命以來，資本家成了新貴族，世襲的貴族從此沒落消失，除了少數僅存的君主立憲國家。資本主義社會標榜利益最大化、成本最小化，所以汽車發明出來了，比較無用的馬匹死了，牛不再工作變成屠宰市場的肉品，知識份子沒了，變成了勞工或次管理階級。研發者、金融操控者又會很快地輪替。新的貧富對立越演越烈，工業4.0以及AI人工智慧出現江湖，又再掀起另一波的工人失業潮。原來資產階級已經把原物料及食物炒作，拉高一波波的通貨膨脹，結果小市民房子沒了或居住環境越來越小，食品則越來越貴，只能看看以基因改造、使用瘦肉精、化肥、環境賀爾蒙、農藥、除草劑、香精、餿水回收油、銅葉綠素偽橄欖油等生產過程所製造的食物。這些人類增加產量降低成本的貪婪，來自少數操控者、遊戲規則制定者。國際大財團為了擴張事業版圖，造成了極度資本集中貧富不均外，更壓縮了小市民生存的空間。所有這些事件的現象都與錢財有關。

錢財擁有者追求的就是物質生活，反之精神生活是需要靜心，慎獨，回歸良知良能，這些事不用花錢的，但是物質生活絕對需要金錢，物質是金錢的商品。所以人類自工業革命以來，唯物論大行其道，金錢遊戲充斥人世間。例如股票期貨、彩券、博弈事業，甚至虛擬的比特幣都成為投資主軸。有些東方國家炒地皮、炒房地產、壽險類金融高槓桿產品。

物質生活是人類慾望的出口，食衣住行育樂其實多半也是物質大於精神的元素。物質生活其實是最虛幻的，轉身就沒有了。吃下去的食物分解後反而產生難控制的三高，高血脂、高血糖、高血壓，因此衍生代謝性疾病及癌症，然後癌症治不好再開發非常昂貴的藥品，標靶藥物，免疫治療，幹細胞移植，基因改造。這些天文數字的治療費用都是資本主義國家訂出來的價錢，不一定反應研發及行銷成本，而是市場自由經濟機制，想活命者必須付出的代價；物以稀為貴，有不被滿足的臨床需要，就有醫師會建議。自從西元兩千年後新藥的價格就是如此，食品藥物檢驗署FDA只能道德勸說；然而利益及遊說團體就是有辦法可以讓新藥上市，且股票先大漲反應，三方賺錢。

市場經濟是資本主義社會不得不然的結果，因為人們的內心就會有慾望、虛榮、生存，不得不然的掙扎；我們也可以說是不得不如此的自由市場機制，相當必然的共業。統治者、市場經營者都希望永續經營不被淘汰，物競天擇適者生存也是地球物種普遍的法則。

㊂資本主義形成貧富不均的對立

利用人性的物質欲望擷取財富。物質是人類文明進化的表徵，好的物質生活反映國家社會的繁榮與進步；但反過來說物質享受的過度發展，腐壞了人民的心靈，往拜金主義發展，就喪失了精神生活與回歸倫理道德的警醒。因此社會的公益是被扭曲的，人民的生活是艱難痛苦的。

如何平衡精神生活與物質生活呢？太極圖的陰與陽是平衡的，物質與精神也是一樣，所有的物質都會成、住、壞、空，全數湮滅。物質只是我們生活中假借的東西，應該是用過即棄之，凡夫把假當成真。又因其成、住、壞、空的本質，所以害怕無法長期擁有美好之物質而生恐懼。就比如守財奴日夜擔心錢財被偷、盜、貶值，讓他一輩子心血全泡湯，所以常常不得安心，無暇有精神生活。但是物質是看得見的，人們會去讚美它，喜歡它，炫耀它。相反地精神生活是被很多人遺忘或擺在後面不去經營，即使有警覺心知道精神生活的重要，甚至曾發願要做個有好靈魂的人，不被大環境汙染，但是最後仍在現實環境下不得不低頭，出賣靈魂。現代人被長時間的工時所束縛，加上 3C 產品的誘惑，不是說知識即力量嗎？沒知識也要有常識，看電視、交友網站、社群平台、臉書、推特等等，哪有空閱讀、放空、靜思、禪定。

現代都市人活在 3C 方盒子裡，像是飼料雞被餵食物質生活和虛擬遊戲，不得出離，電腦遊戲上癮者，他們的靈魂將會如何，思想又將如何與現實脫節？只要我喜歡，只要有小確幸……。沒有獨立思想的靈魂隨處漂流，就像無根的浮萍，很容易被極端主義激進分子所吸收。

精神生活才是我們一生中最重要的功課。當父母的都不希望小孩受苦，但是從小嬌生慣養的孩子，不愁吃穿，剩下的時間多半找樂子去，吸食毒品，開派對，放縱慾望，如何能知人間疾苦。我們看二次世界大戰後的嬉皮族的虛無主義，雅痞族的高品味裝扮，草莓族、豆花族的世代交替，很難擔任承先啟後的重責大任，先天下之憂而憂，後天下之樂而樂，只有百鍊成鋼者方可擔綱。

精神生活的層次

1. 求內心平安，靜心，慎獨，放下煩惱。
2. 求性情陶冶，琴棋書畫，音樂藝術，有情生活的感應。
3. 求哲學思維辯證，宗教教義理解，頓悟。
4. 求消業，坐忘心齋，不起心動念。
5. 饒益眾生，無緣大慈，同體大悲。

讀好書，所謂聞所聞盡，盡聞不住；覺所覺空，空覺即圓。空所空滅，空滅既滅，寂滅現前。這是楞嚴經中談到觀世音菩薩成佛之路，靈性超越世出世間，及不受臭皮囊的約束。臭皮囊是入世時暫時居住的肉體，地球則是我們這生暫時居住的地方，所以唐朝大詩人李白說：天地者萬物之逆旅也，光陰者百代之過客也。詩仙如此逍遙，實為蘇東坡居士所不能及也，號曰八風不動者，但一屁過江來問罪。[2] 蘇氏八風猶動，有我執之故也。風中動念誠屬遺憾，但為後人警惕，開釋更多後學也算佳話。

世間很多人嚮往精神導師之啟發，但往往歧路亡羊，明燈難尋。原因無二，得道者不方便出山，在亂世弘法有難處也；未得道者却假借活佛轉世、無上師，受記大菩薩，大開佛門行造神之實，扭曲大乘佛法。以供養為名販售蓮花座斂財，以鼓勵捐錢財、房地產種種換取信眾以為的虛有的功德主、福報，做功德當委員，誤導正信佛法之修行方向，是當今宗教漂白的騙術。中古世紀之基督教如此販賣贖罪券以興建梵諦岡大教堂，當今東方亦如此，人性的無知對比貪婪、貢高的慾望。世間淨土難覓，神的殿堂已被外道佔據，豈不悲哀，果真末法世代來臨，眾生更難修行。什麼是真？什麼是假？

穿著羊皮的狼，欺世盜名假冒聖徒，說穿了是別有用心的人成立的宗教速成補習班。似是而非的講經，就像速成半釀造的醬油，依眾生的習性調和上化學香精，甚至改變了民眾的味蕾，積非成是，認賊作父。思想改造集團利用幻聽幻覺，大賣涅槃聖境之偽殊勝感，誤以為修行成功，見到聖境西方淨土極樂世界。其最大的破綻就是主其事者搞神祕，貢高我慢，享受物質的榮華富貴。一旦成迷途羔羊，在修行菩提的道上將退後百年，或積重難返，或為共犯傷害無知眾生、有心修行者將墜落無間地獄。末法世代降臨，諸天使啟動退場機制，回到天上，花花世界依序崩壞，直到下一個冰河時期或另一個文明出現。

註1　華嚴經，卷十三。

註2　八風吹不動。宋朝蘇東坡與佛印禪師的故事。八風是佛家語，包括稱、譏、毀、譽、利、衰、苦、樂。

9. 如何提升精神生活？

為學日益，為道日損；損之又損乃至於無為，無為而無不為矣。老子道德經已點出一條正道。

從呱呱落地以來前二十歲都是身體的成長，心智的成熟，最重要的前十年就要養成好的習慣，加上本性良善，可以打下良好做人的基礎，而本性問題多者，累世業障重者，亦有良知良能，可以在前十年的好環境下，培養出良善的好習慣以修正其業之基本習氣。此一階段家庭身教最重要，其次是各級學校之教育，課綱也佔了很重要的位置，所以有心人很喜歡修改課綱，有些國家如此洗腦下一代，學校基礎教育中，同學的影響很大，近朱者赤，近墨者黑，十五歲以前人格已定型了一半以上。

二十歲到三十歲是接受高等教育階段，大致上決定了人生工作、事業的方向，許多科技專家、政治人物，都在此時完成入行、入世的準備。財經、管理人才及

EMBA則完成期再晚些。科學家、醫師、律師也因學習更多專業，所以是最晚成熟的。這段成熟期，隨著人生的磨練到了青壯年四十歲，已經可以放眼天下，期待縱橫寰宇，此時期從學習到指導教學，從有自信（充滿自信），躊躇滿志到學會悲天憫人。四十歲到六十歲時從完成小我到創新大我間學會包容、尊重，是修道進德的開始。從自我成就的穩定期，探索人生的哲學問題，我是誰？我該如何？何去何從，這些流程基本上與希臘哲人柏拉圖模式相去不遠，理想國講的是人、社會、國家的理想，柏拉圖沒有探索人與神，及超凡的關係。柏氏談的是倫理的範疇。

為道日損的觀念，放眼世界只有老莊如此談論，英國文學家艾略特TS. Eliot曾言，**人的一生探索的結果仍回到自己的起點，也就是說真理不外求，而是內省的功夫**，學習能力、技藝是加法哲學，內省功夫是減法哲學，拋開肢體、知見（墮肢體，黜聰明，離行去知，同於大通）[1]，放掉色受想行識，存留的就是內心，良知，良能。也就是**萬物唯識，萬法唯心**，轉識成智，回歸自我內心過著簡樸的生活，就是**返璞歸真**。

不求華麗的外表、頭銜，視成就為糞土，若擔心是否常虛懷若谷，只怕離大道太遠，喪失了赤子般的本心。隨著心智磨練成熟，然而肉體逐漸凋零，很多人因此自憐自哀，進而惶恐、憂鬱，似乎一切美好時光事物離他們而去，甚至被社會遺忘，被家人遺棄，這是現實的功利主義社會，現實就是利害關係。當老年人再也不能提供福利給年輕人的社會時，他們的利益與尊嚴是被遺忘的。老、病、死的三步驟是相當令人擔憂的議題。

有關幼吾幼以及人之幼的議題是比較會被社會關懷，因為他們是社會的新血輪，未來的中堅份子。老吾老以及人之老，老有所終是普遍在重要議題之外，多半是要靠自己，有時甚至子女也靠不住。這是工業社會轉成農業社會最大的不同，工業化腳步愈快，競爭愈大，愈現實；補救之道只能靠成熟、完備之社會福利制度。老年人難道沒救了嗎？老而不死是為賊？或是老而彌堅呢？日本稱為下流老人。

艾略特在詩作回憶 memory（改編為通俗的歌舞劇：貓）中警醒我們，時間的横軸是年老者解脱煩惱的關鍵，拋開時間的牽絆，活在每一個當下。瀟灑看日出日落一再重複輪迴，街燈宿命式明與暗地警醒人們，歲月興衰交替，誠如腳下歸根的落葉，但已經融入時間的長河。年長者不應悲傷，應該把時間拋下，因為人生功課已經完成，該走的路已走完，該打的仗，已經結束。此生已盡，梵行已立，所作已做，自知不受後有，出自雜阿含經的名句。諸漏已盡，就是已修正習性的缺點，也就是去除了煩惱業障。梵行已立，成就了完整的道德人格，不失為做人做事之根本；所作已辦，也就是說，若有立軍令狀下凡入世者，使命已達，任務完畢。

試問人生最快樂的事是什麼，就是功課完畢，無事一身輕，不受後有，也就不再入婆娑世間輪迴接受五蘊六識的煎熬考驗，當然也就不會墮落而可以回復自性，逍遙且無牽絆了。

什麼是功課？這個成德的過程就是功課。身為血液腫瘤科醫師，救治好的病人實在不在少數，尤其是各種血癌、淋巴癌末期病人。以前寫了幾本書鼓勵病患及家屬勇敢面對重病及臨終，這次為何寫這本書，把功課做好，其實是因為有通靈者（鄭珠好女士到門診）過來傳話，轉告我這輩子的功課尚欠出版一本書，沒交代不行。我還是怕立了軍令狀，沒完成所有的功課，內心仍有一絲回不去的擔心（曾多次夢到類似情景）。平時也有不少病患及同事客氣地關心有無新書出版，想想也累積了一些領悟，似乎也可以考慮跟好友分享。前幾章寫得不算順利，到了又看金剛經後就好多了。數月後她女兒陳臆絜到我門診告知她母親病逝的消息，我告訴她書已經寫好，母親可以安息了。她回答母親已經知道，很欣慰。走出門診三分鐘後她又回頭開門進來，一面涕泣一面用偈言肯定我的書，她怕我懷疑此真實性，我知道那是通靈者過來了。當下對這段奇緣感動不已，她幫了我，我也回報了她。

到底每個人功課同中有異，完成多少算做完功課，畢竟有人活得久，有些人比較早離開人世，到底誰的功課是完成了？若把功課當戰爭，勝敗誰人定奪，興衰豈有憑據耶？但是無論如何不能繳白卷。

㊂完成多少功課算完成？

老實說功課是很嚴肅的，沒有多少人能好好完成，因為有我執，看不破，解不透，放不開，捨不下，自我要求少，要求別人多，缺乏使命感。

我治療的癌末病人，很多本人不知道已經是癌末，他們的想法是醫師一定有辦法。只是有沒有盡力！大期限已到，病患仍常表示他尚未準備好，還有許多功課未完成。什麼樣的功課，一大把年紀仍未完成？總之就是永遠沒有準備接受死亡。

其實也對，絕大部份人功課都未完成，誠如舒伯特第八號交響曲「未完成」，寫了絕美動人的兩個樂章。其實那已是他的安魂曲，天鵝之輓歌，因為大部份的人至死都不知本身的功課為何？因為怕死是動物的本能，也是人類的本能，也就是說人比動物好些但也高明不多。

既然安份守己，就是良好公民，壽終正寢，上至帝王將相，下至黎民百姓，士農工商，難道這樣做功課也不及格，也不能算做好功課嗎？士不可以不弘毅，任重而道遠。回頭看檢查標準，梵行已立，但仍需諸漏已盡，每個人所需修正的習性各不相同，不得人云亦云，認識自己後，最知道自身的問題為何，這才是所作已做，不受後有。

和尚尼姑雖然斷諸情根仍然很難修成正果，獲得果位，就該知道修行的功課是艱難的，但累世修行，總有到彼岸的一天，為佛所授記。直到滅、靜、定的時刻，諸佛迎前接引道路。滴水穿石，我空，法空，去知識障，斷煩惱障，如此做功課就圓滿了。

㊂證二空，斷二障是基本要求

雜染如暴流，有我，有我所，就有六根纏縛，識根發酵，各種交互作用，又重新掉落滾滾紅塵，紅塵中有愛、樂、欣、喜，好玩有趣，有夢，但都是虛幻的水中月，鏡中像。修道過程，若有起心動念，就會衍生煩惱，又因煩惱再起現行所謂唯識論的五徧行[2]，四根本，八大隨行[3]之導根接踵而至，遍依諸根恆相續轉。比如放鞭炮般連鎖反應，要求清靜都相當不容易。

㊂修行到底有多難？

看看不起心動念有多難，就該知道悟証我空，法空，不動念有多難矣。人與人之間的互動很多，利害關係、情緒、有計劃性的、突發的、注定的，交錯衍生的、社交的、非社交的、主觀或客觀的等等都可能會引起動念。如此一來虛擬的世界看成鮮活的實境，又不得不去面對、解決，煩惱因此而生，又怎能清靜呢？

啟動五蘊六識的源頭在於六根，六根其實是起心動念之本，收攝六根，除非閉關與外界隔離，否則不可能六根不動，除非是得道高僧、大德，可以邊入世（有相），邊出世（離相），立馬洞悉各種情緒、本意，以圓融的方式解決及處理各種事情。

假設說我們奉獻一天，進入無我，一切行為都是大公無私，無分別，無任何情緒，凡事都可以忍，法忍，乃至無生法忍（智慧安住於無生無滅之理而不動）。有人能做得到嗎？不只有忍氣吞聲，放下人格地位，謙卑地服侍他人（柔順忍，隨順真理，慧心安法），做得不動心念，又能慈悲喜捨。做一回完完全全的聖人般的天使，我想有不少人做得到，但要這些人天天如此，年年如此，回以繼續，十年如一回，一生如一回，那就非常罕見有人如此無我奉獻了。

但是假若把每一日當做人生最後一天來過，做得好可以立地成佛，往生極樂淨土，那麼就有不少人做得到。但是這種做法是違反人性，眾人基本上是樂於享受、好逸惡勞的。神性恰好相反，釋迦牟尼佛看到眾生解脫不了生老病死的憂愁而出家去修行解決之道。隨苦行僧苦修六年，終於在菩提樹下功德圓滿，原來是眾生顛倒夢想，以為外求有法。生老病死皆因臭皮囊而來，拋掉會壞的臭皮囊及有形世界，才領悟到心的自由。執著於「**有**」（有**集諦**就有**苦諦**）才是問題所在，懷著**無**（**滅道諦**）的理性，才能徜徉於虛擬的虛空中，虛空就如同過眼雲煙般，所有事亦如驚鴻一瞥般瞬間變化。釋迦牟尼佛說人生有多長，如同呼吸之須臾，或彈指之一瞬。恰似白駒過隙。

㊂我們如何能成為無私無我的修行者呢？

答案是須與問做好自己，放大三十倍每天做好，再放大三十倍每個月做好無私無我，又再放大三十倍，那麼就二至三年都可以做好，以一刼為一切劫，就是無量無壽，平等清淨。若能如此修，當然很好，但最關鍵的問題、最可能的障礙是什麼？關鍵在於發願，有沒有立下宏願。華嚴經卷三十言，菩薩所作諸功德，乃至一念而修行，悉能迴向無邊際，一切功德盡迴向。

眾生無邊誓願度，煩惱無盡誓願斷，法門無量誓願學，佛道無上誓願成，以對應苦、集、滅、道之人生根本問題。最可能的障礙是不能成於忍，這些發願都會遭遇各種挑戰、魔考，會面對很多逆境，孟子言天將降大任於是人也，必先苦其心志，勞其筋骨，餓其體膚，空乏其身，行拂亂其所為，所以動心忍性，增益其所不能。此番話強調忍性的重要，動心也是動不動之心。六度修行中的忍辱，是無生法忍（悲智雙運，第八不動地）[4]，忍其所不能忍，又忍之又忍，以至於不知忍為何物，把忍也空掉了，不知自己有所忍，這超過君子之「孰能忍，孰不能忍」。世俗之忍，就如同八風不動一樣，任何批評都是好意，以患為利，有批評就有檢討或改進的空間。敵人往往是我們的良師，他們洞察我們的的缺點，有錯則改，沒錯也能同理對方的必然與不必然的相對立場。

㈢走出高層的精神層次

既以為人，己愈有，既以與人己愈多。（老子，不積章第八十一）

人格本自性，成德之後，高層次的精神生活是服務社會為主，既已轉識成智，就可以饒益眾生，眾生是我們的共業，我們的家人、親朋好友，乃至於全人類，生活在同一個地球者，包括動物、植物、自然界、法界、人、非人、卵生、胎生，皆是共業，佛祖尚且要令入無餘涅槃滅度之。我們的形體是神所給予，我們的才情也是來自於神，我們當然有超凡的影子，也該做如此份內的事。老子言，既以為人己愈有，既以與人己愈多。燃燒自己，照亮別人，別人也會回照亮光。

道教的代天巡狩是由上而下的權柄，人與人之間的互助也是一樣的。權柄也在每位執行任務者手中。從某個角度來看，權柄是形式的，如同君主立憲國家的君王，君王是虛位，人民才是執行者，人民選出來的議員、領導人、組成的內閣大臣們，才是政策推動者。下至每位國民都有其權柄影響世界。記得老子所主張的小國寡民也是如此，小至桃花源，類似烏托邦的理想國。那就是高層次的精神生活，見素抱樸，無憂無慮的隱居式生活。我們可以選擇自己修行的生活方式。

天之道，利而不害。聖人之道，為而不爭，奉獻自己，服務社會，不求利養，不為名聲，為善且不欲人知，其善之不為善者，平常事也。聖人出世，則大盜不止，所謂亂世出而有聖人焉，見孔子與盜跖的對話。惡不為惡者，惡之考驗，惡之無常也，若天下無善惡之分，將無善惡之生滅也。試問動物之叢林法則弱肉強食有善惡乎？各為其份，稱之為自然法則。

㊂人是神性與魔（獸性）的混和體

獸性的本質是求生存，填飽肚子，再來是繁衍後代的生殖意志，所以動物有獸群，人類有族群，為了生存，不能離群索居，增加被淘汰的機會。人為萬獸之王，是被造物所給予的好形象，但是人類卻要向較低等的各種動物學習與自然界相處之道，就是回歸自然，回歸簡樸生活，生養地球，而非破壞地球，再尋找其它可生存的替代星球。發表黑洞說的英國學者霍金之遺言，其實離大道甚遠，他主張黑洞不只有一個，一堆星球有一堆行星宇宙的黑洞群，人類應該做移民其他星球的準備。此言差矣，他的觀察只是一個宇宙的小現象，何況這個宇宙是可以為無餘涅槃而可以被佛陀滅度之。

人的劣根性就是貪圖享受，他們的作法就是奴役他人，利用他人的勞役，甚至在管理上剝削。所以為人之道，欺壓善良，爭名奪利，圈地霸佔，跟大道相去甚遠；雖偶有內心的掙扎與矛盾，但都被內化、合理化所壓抑，違背理性行事卻祈求神的赦免。不去滿足為別人行善的期待，只依原我做事，不受超我的察覺。過於求完美的外表，其實是內心的醜陋；過於求好的聲名，其實是偽善的惡。

萬物作焉而不辭，生而不有，為而不恃，長而不宰，功成而弗居，老子道德經第二章，沒有分別心的善，才是至善，也就是佛家所言，無緣大慈。待任何人都能洞察善的一面，所謂不看僧面，看佛面，眾生都有成佛的一天。

㈢完型治療源自內心的掙扎與矛盾

完型（Gestalt，德文）簡單的解釋，背景與形相合，由德國心理學家 Perls 提出的理論。完型治療主張放棄理性，去傾聽身體的感覺。

人類本質是一個形態，用以感知世界之整體，不同事物也唯有以其組成之整體來被人類所瞭解。人物 Subjects 會依其心理滿足，尋求完型。借由環境的覺察與立即經驗來形成某一種行為。在精神分析上，就會產生一連串心理作用，如投射、內化、壓抑。目標在追求接納真實的原有自己，不被別人的期待所操縱。然而在本我與超我的衝突中，不斷掙扎產生各種矛盾情結，造成內心的折磨，內心無法得到統合。善根比較大的人，會有不喜歡自己做不好的矛盾。惡根比較重者，會不喜歡強壓自己的個性，去滿足別人為善的期待。你希望自己成為怎麼樣的人？你對自己有沒有期許？

其實每個人的內心都有被世界社會家庭接納的渴望，都有尋找真理，回歸本源的渴望，很多東方的中老年人都希望能往生西方淨土，回到神的跟前座下，沒有人想要下地獄。只怕是慾望戰勝聖潔。

㊂如何做好功課

大道不欲雜，雜則多，多則擾，擾則憂，憂而不救，德蕩乎名，知出乎爭。（莊

子：內篇，人間世）

這句話是莊子假借孔子勸顏回不應出仕衛國所說的話。在亂世，不宜輕率出頭，這是危險且不濟於事，同樣地在紛亂的社會，變動的人心與價值觀的時空下，我們可以把內心拉回簡樸單純的個人世界，完成自己的功課，生活既簡單樸素，慾望不多，物質享受不多，自然容易自我滿足，身心滿足自然快樂。寧靜的快樂、純粹的快樂絕對不是繽紛的，而是心識與良心接觸，良心與超凡的感應對應，達到法喜充滿。

有人常說隱居生活，或湖邊散記般的日子，最為寧靜快樂。又有說法大隱隱於市，小隱隱於郊（山）。現代都市人因為生活競爭壓力太大，有個數天或兩週假期，多半選擇出國旅遊，吃喝玩樂，或打禪七，或參拜名山古剎，或投入各種靈修營。這些活動的特色是暫時逃離職場，讓身心好好休息，那麼心靈有沒有休息呢？重新出發重回職場後，是否又習慣性地走回老路？塵垢依在，庸庸碌碌一生，只是身軀變硬，老眼昏花，其餘的都沒有任何功課上的進步，如浮木盲龜一般流轉。

禪門臨濟宗常言修道不難，就在日常生活中，喝茶吃飯是也。我們每天謝飯了嗎？或是常批評食物菜色好不好吃？不是不能點評烹飪如何，但需懷有感恩的心，所以基督徒在開飯前，做餐前禱告，感謝主，感謝提供食物者，感謝神的保守才能平安享用賜予的食物。睡前也禱告，今日事工已完滿結束，身心在神的眷顧下，平平安安，可以上床睡覺休息，可以明天繼續做鹽做光。感恩沒有撒旦的傷害、擾亂，我能繼續跟神親近，非基督徒也是如此？回教徒每天面向真神阿拉親近五次，凡人皆如是。不吃飯、不睡覺的時候，怎麼做功課呢？上班、競爭、求生存都很忙碌，何來空閒做功課？就端看我們把功課做好放在什麼位置。

㊂ 功課怎麼做？提升精神層次的做法

若知若離，若有若捨，自性常在，拋開知見，念念不住，觀照自省。

他人無非，常見己過，慈悲待人，能淨能捨，吃虧即得，不名不爭。

性本自有，自性不動，無妄無真，非空非有，修福直直，修道勝之。

福報業在，真心懺悔，前念不生，後念不有，有相即安，離相即佛。

誦經三千，曹溪一句。

離世覓法，猶尋兔角，吃飯睡前，惜福感恩，般若之智，無大無小。
誠心發願，功課做好，佛性自有，何需外求，有為諸法，浮木盲龜。
見相即垢，心不住相，諸相非相，即見如來，若問心要，慈悲喜捨。
花花世界，虛擬實境，不生不滅，不垢不淨，無為無我，唯心直進。

有時覺得大人的功課難做好，小孩子功課好做多了，是嗎？其實也是，那麼大人向小孩學習好嗎？小孩純真很容易相信別人，透明直接不善修飾，那是什麼？赤子之心。赤子之心吾本有之，在社會大染缸歷練下，愈來愈精明，愈會保障自己利益，本位主義的自私。後來又起了分別心以便安置相對的利害關係，一個成人的心最珍貴的是純真。

我們重新拾回赤子的純真，它是可以幫助我們重回至善的通關密碼。天上極樂世界的天使，都仍有赤子之心、無私心，沒什麼好隱藏的、害羞的，都是真正公義的。我們用赤子心的熱誠，成熟人的公義心來面對日常生活的每件事，那麼功課做完有什麼問題？縱使面臨一些困難，也不會有妨礙，自有水到渠成的因緣。安時處順，哀樂不入。[5] **德不孤，必有鄰。得道多助，失道寡助。**

註1　莊子，內篇：大宗師，坐忘，心齋。

註2　五偏行為，觸，作意，受，想，思。
華嚴經云：始從一念終成劫，悉因眾生想心想生，前念後際不斷，以一劫入多劫，一切劫海種種門，一切剎海劫無邊。

註3　八大煩惱隨行：惛沉，掉舉，不信，懈怠，放逸，妄念，散亂，不正知。

註4　莊子，養生主。

註5　華嚴經，卷三十八。

PART 2

事天

10. 六解一亡：解除煩惱的關鍵

在楞嚴經中的阿難問煩惱的原因，佛祖回答，唯此六根，別無它物。

執著六根者，相信知識就是力量。在入世的角度來看的確是對的，但是知識是多面向的，正、斜、不正、不斜、既正又斜、既不正又不斜。掛在牆壁上的畫或藝術品，就會發生類似情形；再者義大利比薩斜塔內部擺設，也是如此，從塔外空地看斜塔窗戶內的人是直立或斜的？所謂妄真同二妄，云何見所見。昨是今非，隨時空變遷知見也隨境而變，就形成無明，煩惱糾結一起，不知何去何從，怎樣做才是對的。真理重要或現實重要？

君不見金融海嘯，股市、房市、國事、家事瞬息萬變，沒有真的可靠，恆久不變的處理或操作方法，唯有收攝六根，不聞聲起舞，不貪利養正直做事才是正道。把風險降至最低，不操作高槓桿投機之事，不理博弈彩票之事。簡單的說，就是老實做人，不為物所轉。

天下人往往自作聰明，以為什麼都從網路得到最多知識，這些妄想，妄念才是煩惱的由來，歧路亡羊倒不如老老實實幹活，對身體也好。知識樹的盡頭是死亡，順服耶和華是生命樹，是智慧的開端。藏傳密勒日巴尊者言，樹枝雖多果不生，學問雖博無勝義，知解雖了實證無。戒、定、慧的實踐最重要。聖凡無二路，空有二俱非，當凡人也與聖人吃同樣的飯，過同樣的日子，只是把名利心放下，不執空不執有，這麼做人做事，凡人也與聖人無差別。那麼凡人要怎麼做呢？就是收攝六根，解縛從六根起，六解一亦亡[1]。下面看佛陀如何說明六根。

楞嚴經卷二說道，一切眾生從無始以來迷己為物，失於本心，為物所轉。佛陀舉了幾個經典的例子，以手示月，到底眾人看到什麼？手指？月亮？明暗？月亮的明暗被飄過來的雲或遮或掩，都是浮塵。佛陀說，（手）指揭示物，無是見者，離一切物別有自性，所指之物，是物之中無是見者。**無攀緣之心，則可見性**。見性者不攀緣，故不見物。同見不見物，名為**見無**。若有兩人，彼若見吾不見者，自然非彼不見之相，而是彼亦見吾之所不見。見性不攀緣之識心，就是所明非覺。即兩人皆見性，相視而笑，莫逆於心（莊子：大宗師）。其次以祇陀林比喻，有名的見樹或見空（若云見樹，復問何樹，若云見空，空何以見），在第六章又見金剛經裡已經解釋過，因為良知良能不能用眼見，只能覺察與觀照。光明拳的比喻也相同，一切浮塵，諸幻化相，當處出生當處滅盡，幻妄稱相。光明拳或握拳，或垂手，或向左右側放出光芒，使得阿難下意識地左右轉頭看，隨幻化相生妄覺（目動，水成搖）。望梅生津也是很經典的比喻，是受蘊的虛妄，有的人聽到有梅子，即使未見、未嚐就生出口水；有些人厭惡梅子，反而胃痛，佛陀說為何不從耳朵生出口水，這就是有分別、不確定性的六根。再者以凸透鏡對日光燃燒手中艾草比喻性火真空，非和非合，火不來自鏡子，非艾草自性，只有日光也不能生火，雖是自然界的現象，也不能強說分別物理性質有其識心。本來清靜周徧法界，非因緣性，非自然性，都非識心。富樓那又問道，假若世界清淨本然，為何忽生山河大地（類似宇宙大爆炸）。佛陀以明覺、覺明之不同來解釋**有所非覺，無所非明**，山河大地只是我們所覺，仍有明中非覺部份。虛空為同，世界為異。**本覺明妙不立同異**，就像有人搞不清方向，惑南為北。性畢竟空，昔本無迷。明覺、覺明的異同是楞嚴經難句之一，比如理性包含了感性，感性無法覺知所有事，更遑論超理性。眾生妄念很多，以為凡事都想當然耳，比如早上起床看到披頭散髮的自己，以為見到鬼大聲驚叫。自己被自己嚇到，類似所知障的例子很多。目動水成搖，幻從諸覺生。

耳根的比喻，利用耳背及耳朵發炎者；鼻根用鼻蓄膿的嗅覺異常，舌根用長舌苔，營養不良味蕾萎縮者為例，嚐不準酸鹹苦辣。這些多重感覺顯現知根雜亂，有分別（一非合一切），不恆常（不恆一），不連貫（明前不明後），不確定（合離性非定），非全貌（非偏涉）。元非偏一切，云何獲圓通？許多大菩薩包括摩訶迦葉，皆因解開六根之一而次第獲圓通。又有破解心光、火、微塵、水、風而獲圓通者。上諸情事統稱為**所知障**，伴隨而來的就是**煩惱障**。

煩惱就如同繩結或打結的毛線球般，互相纏繞，不容易解開來。問題是當事人不想用理性解開，或是選擇感性不主動解開，或知難退卻，隨其流轉，或留在原處，等待他人救援。**煩惱生菩提**，有**俱生煩惱**，累世過來的，也有後天流變而衍生的**分別煩惱**，有煩惱就應思考解決的方法。從不斷學習，頓悟中因次序解開煩惱，因之出離。從出離的過程中得到智慧。凡人若沒有煩惱，沒有考驗，將會失去活到老學到老、前際學習做人做事、後際學習自覺覺他的所有機會。

解決煩惱的方法，只有一個，就是放下六根。離相不著心，因斷，緣自滅。不起心自不動念，不攀緣，因亦無所附著。所以說**菩薩畏因，凡夫畏果**。心從何來，識心由感應而來，宋明理學說萬物無體，從感應而有體。佛經說心無所住，此為感應的假體，隨心識而有。心識從眼耳鼻舌身意而來，此是六根。**收攝六根就從眼睛開始**，眼不見為淨，的確如此，若眼識一看，沒有任何喜好，分別就不會有貪著的慾望，因之而起的識根也就不會依序而生。如此可以阻斷親因緣的種子，**離心識外無實體，若有實體就能引發心王、心所，故而造業**。沒有了親因緣，增上緣的外種也無法單獨存在，因為親因緣而增上緣是結合在一起，一合相的因果連鎖反應。

萬法唯心，一切為識，說是諸心即是非心，故名為心（金剛經），其實釋迦牟尼佛在許多般若系列的佛經中都一再闡述此道理。如楞伽經的偈頌「由自心執著，心似外境轉，彼所見非有，是故識唯心」。若不然則有見，有種種分別心（善、惡、美、醜、白、黑），執著心，就有見相二分，連鎖反應的結果就是產生各種**客塵煩惱**（客者外來的意思，不是本來自有的，而是自己因分別心而起的）。例如教室裡有很多幼小孩童，都很天真可愛。老師們不應該特別喜歡哪位聰明好看的孩童。有了喜好，就有了煩惱，這些煩惱就是心識幻化出來的，本來就不存在的。

生為人就有六根，在六識的運作下有了六塵的煩惱，不得清明。楞嚴經卷四，釋迦牟尼佛敕羅睺羅擊鐘，先問聞不，歇息又問聲不？阿難及大眾隨耳根回答，先有聞又無聞，再有聲又無聲。佛陀斥為惑聲為聞，何怪昏迷以常為斷（睡寐中，耳聽成幻，似搗米聲、鼓聲、鐘聲），自語矯亂。既已無聞何來有聲，聲於聞中自有生滅，非為汝聞，循諸色聲逐念流轉，是為矯亂顛倒，應棄生滅，守於真常，則法眼應時清明。轉識成智不隨境流轉，有相則為垢，有情乃為塵。

心識如同業風一樣，飄盪的業風可幻化很多迷境，讓凡人真假不分，愛生不欲死，如此一來，各種化學變化因之而生，現行識心雜染不穩定的種子（宿昔而有），互相作用，互為因果，種種相縛，最終像一團雜亂的毛線球，很難解開來了。所以該如何做？

1. 不執著外境，不隨世間說法聞之起舞，如境非真。
2. 不執著內識，驛動的內心不生，如識非有。
3. 拋開所知障，去掉煩惱障，所見不足為信。
4. 証二空，我空，法空，對虛幻不實之物，借來用用。

金剛經言：說法如筏喻者，用過即棄之。法即棄之，不可有法執，那麼還有什麼可以執著的。一切執著，迷悟的起心動念，就是妄執有我。識趣雜染，沾染積重，積非成是，難返清靜。

現行諸趣薰種子，種子薰染生現行；
如此輪迴又相續，世世流轉不出離。
烏鴉非沾染成黑，白烏不漂亦是白；
俗人妄想美與醜，不知妄念成執著。
一切法相無計者，非斷非常二俱離；
不可說因亦無因，一切所作非所作；
無事無因故無常，法界復始又曰常。
內無所有是菩提，外無所見脫三界；
生老病死多貪著，多念多愛煩惱障；
不識自心生妄想，水月鏡花皆空華。
心住菩提集眾福，常不放逸植堅慧；
佛法不異世間法，修行多聞亦如是。

始從一念終成刼，悉因眾生心想生；
一切佛法平等故，發於無上菩提心。
饒益眾生以事天，盡心養性以知天；
無智無德無所得，平等慈悲無分別。
原諒自己是解脫，珍惜他人是智慧；
消業往生到彼岸，金剛道上異熟空。

世間一場夢，虛擬如實境；
愛樂皆心造，借假來修真。
抱元可守一，不起計度心；
持咒勤護法，饒益善迴向。
人生何事忙，福祿壽全難；
名利與財色，轉頭皆成空。
無常迅速來，因果脫離難；
祈願發道心，喜捨得菩提。

虛空本不動，幻從諸覺生；
眾生本是佛，動念失圓覺。
目動水成搖，掉落人世間；
幻翳見空華，舟行雲月駛。
病害接踵至，照見皆塵垢；
復現菩提心，如湯來銷冰。
止觀合禪定，虛空終不動；
成金不復礦，圓覺離諸幻。

註1　楞嚴經卷五，佛陀以一花巾打六個結，比喻眼、耳、鼻、舌、身、意。

註2　客塵煩惱，出自楞嚴經，心性本淨，煩惱是外來的。

11. 人生布局，何時做功課？

㊂人生四階段

1. **啟發期**：加法哲學。
2. **發展期**：乘法哲學。
3. **成熟期**：高原重整，積分哲學。
4. **衰退期**：減法哲學。

宋朝廓庵禪師有個**十牛圖頌**來闡明六祖惠能的禪宗理念。用十個階段來說明，**無念為宗**，**無住為本**，**無相為體**，以直心是道場為主幹，告誡後人不識本心，學佛法無益。一幅牧牛圖可以道盡其中禪機。

第一幅是尋牛，牧童找牛（比喻人的自性），如同眾生欲找尋真理，探求人生的意義何在。所以學習各種方法來認識牛的本性、需要。如牛愛吃何種牧草？大片原野中，牧草長在何處？氣味如何？君不知草香有多種，香氣從何處飄散，牧草多的地方就應該有他牧的牛。認識牛脾氣習性是牧牛初步，人類的啟發期就是在學校學習各種知識，學習與人和外界互動，利用語言的溝通及群體生活，融入同儕學習社交。良師益友是人格發展最重要的關鍵，心志如何體魄發育亦是如何。少年時期大腦像海綿般大量吸收新知識，包括德、智、體、群、美，加上第六育 EQ 情緒管控。

牧牛應摸透牛脾氣，有些同學在少年期就會上教會，上主日課，也有追尋真理、真道、真神的功課，這時期是啟蒙時期，所以如同加法一般，把層層知識堆疊起來，繼續追尋更高等的知識。但是現代社會中的年輕學子，大部份時期都被智育佔據，其它少數從事球類，體育活動，音樂美育以外都被 3C 產品佔用了時間。線上遊戲，漫畫，電腦，社群網站，上網咖，網友拍拖，Skype，臉書，推特……似乎沒有自己的時間，朋友認同才是主流，追求名牌、時髦、新奇。加上小孩生得少，嬌生慣養，或成天補習，都很忙。父母的傳統陪伴已經被安親班、人工智慧的各種服務所取代。家教機器人，代做課業機器人……家庭愈來愈往效率及形式主義發展。

尋牛，就怕尋到科學怪物，你問機器人，什麼是神，人工智慧會告訴你，神是虛擬的，沒有科學可以証明神的存在。好笑的是機器人，人工智慧才是虛擬的，在科技充斥的世界裏，到處都是5G世代虛擬實境。我們將AI人工智慧當成最好的、無可缺少的朋友時，人類已經認賊做父，喪失了倫理與做人的原則。

自己的思想，智慧不去突破，卻偷懶，仰仗AI的代工行為，當然不會有靈性、佛性、神性的突破。沈迷在虛擬的世界，無心出離，從此一再習慣性惰落，隨波逐流。請問機器人會反省嗎？它會學習，但不會像人類一樣反省，因為它收錄的資訊是真假相雜的，得到的結論是人云亦云的，這種學習下來的機器人仍然是制式的機器。我們卻要服從機器人主宰的世界，這是多大的諷刺，比如說猴子很認真學習，我們訓練猴子幫人類做事，最後猴子成了總管，除了管理者外，我們都要活在猴子掌控、監視的世界，天下豈不大亂。

雇請很多僕人的人是不會做家事的，僕人若離開了，家事沒人做，主人也活得不好。所以主人本身就要會做家事，而且完全可以管控僕人只做勞力的事。AI不是不能用，而是限定在有危險性及機械性勞力密集的工作上。其它應是人類自己該做的事，否則人類變成被圈養的雞、牛或只是享樂的寵物。在塵世的迷亂中，愈來愈不認識自己；其實自己本來具足。

尋牛，絕對不是尋求科學的突破，科學只是人類想變成神，突破一些不可能的事。例如慧星不得撞地球，讓龍捲風消失，讓火山不爆發，人可以長生不老，人可以移民火星。其實人類突破科學的不多，卻是破壞地球資源不少，製造一堆垃圾，氣候暖化，物種滅絕，戰爭不斷，金融風暴，電信詐騙，道德倫理挑戰君不君、臣不臣、子不子等種種的亂象，網紅治國，積非成是，媚俗文化橫行。地球終會敗壞，想想看那些人做的壞事做出貢獻，讓禍害遺留給子孫。現在的人是在尋牛，但尋的是金牛，舊約聖經中看到了被撿選的人反而違抗上帝的誡律，崇拜金牛，慾望的化身。

其次**見牛**，牧牛就是人生前半段的發展期，換言之是生理需求、安全及食衣住行的溫飽，乃至於社經地位、社交層次的建立，所謂安身立命的人生目標，例如年輕人的標杆五子登科，兒子、妻子、車子、房子、金子等等。人生處於發展期是加法哲學，將財富往上堆積，但是社會發展太快，存錢積蓄趕不上通貨膨脹，投資理財的獲利追不上飆漲的房價，所以很多金融衍生產品如雨後春筍，一片昇平之象，鼓勵群眾不勞而獲的心理，操作高報酬、高風險、高槓桿的投機性投資，或落入金融詐騙集團的陷阱，二〇〇八年雷曼兄弟引起的金融海嘯是個例子。區區少數不肖份子就可以造成全球性風暴，是一種另類的蝴蝶效應。

可見得牛、牧牛的比喻中仍然需小心牧牛，不得偷懶，牛也會被偷走或吃錯草之虞。當然也是不容易的功課，有些牛群也有不愉快的打鬥。人生就是這麼不簡單，生活隨時陷入無常的考驗。牧牛就是要修行覺察之本性，住煩惱而不亂，居禪定而不寂。

見跡（見到牛跡）就如同見到貴人，見到善知識，遇見人生導師，找到真理的精進方向，根器頓開。真理是一門哲學，宗教也屬入生哲學的範疇。讀一本好書，聽一場啟發深省的演講，矛塞頓開就是尋牛圖中見跡之始，人性本善，皆有佛性，有尋回自性的靈性需求，這是愛智者所謂智性的快樂。肉體的享樂、感官的愉悅是暫時的，學習的快樂、學會專業的快樂又進一層，然而屬靈的真正有智慧的快樂是醍糊灌頂，有著重生的喜悅。

得牛之後旋即牧牛，智慧之增長，如暴流一般，日日那麼長，越修越精進。所謂盡心知性以知天，存心養性以事天，存之養之就是牧牛的精神。就如同冶金一般，從礦石中提煉金礦，這是修行的功夫，修養再三，治礦成金，既以成金，不復為礦。牛兒吃得又肥又壯，於是牧牛已罷，騎牛回家。此時仍有人牛二元的觀念，見牛仍是牛，仍迷在牛的變化之中，如尋牛、見跡、見牛、得牛，牧牛的著相次序之中。前思才起，後念相隨。

到了中段**騎牛回庵**，吹著笛子好不快樂（干戈已盡，得失還無），找到自己的最愛，可以安身立命，這是智慧觀照，識本心，般若三昧。有自己，很平安，有牛（見性悟道）被自己騎著，很踏實。大凡諸多有德行的自律深、治學嚴謹者，皆下功夫智慧觀照，平時活在自己專業的圈子裡，退休後功成名就也怡然自得。於一切處不住於相，不生憎恨亦無取捨，生死交關處亦同。但是凡夫當遭逢命運的無常、災禍降臨時，仍會驚慌失措。在病房中常見突然生大病的知識份子、修行者或各界學者面臨生死關頭的恐懼與憂心。有的是還沒準備好，或擔心未來，或害怕不曾經歷的過程，聽聞肉體的折磨苦痛，似乎前述智慧觀照失靈了，不管用了。

尋求更好的藥，更精準的檢查，甚至用NGS次世代基因檢測，找找看有沒有當代醫學無法突破的盲點，來試驗其它替代機轉的治療，在專家醫師的帶領下，又步上另一種尋牛的歷程。這不是尋牛，而是找尋羊隻，或是替罪羔羊了。因為得牛後，又失牛。退轉到重複過去走過的路線，勤務生之有可奈何，命之有所以為；退轉到生命無常，苦厄輪轉的深淵。

人的一生有不斷的考驗，看似已經想開了，通了，悟了，但是為何又會退轉？大多數的說法是看不開。為何看不開呢？還是執著有我，有肉體，有生命，有病痛；執著於法，有醫藥，有儀器，有基因，有奇蹟。這種執迷不悟是何道理？逃避！人的心理機轉中，**逃避和合理化是人類最基本的保護性心理機制**，免得突然面對重大衝擊會造成心理崩潰。我們的潛意識中有許多我們無法面對的過去經驗，很多的情緒、委屈、罪惡，幼年時的傷痛，塵封古老的靈魂都層層被寫在潛意識的程式中封存。

當重大厄運來臨時，這些被寫入潛意識中封存的記憶，會交替浮現，當如同電腦當機，程式亂跳，病房譫妄就是一種當機，原因多而複雜。譫妄也會重複出現，有些是暫時的，在病房時出現或俗稱ＩＣＵ加護病房症候群，但有的是死亡時空隧道的警示燈，或伴隨迴光返照的出現。

迴光返照也可以說是解開最終潛意識的清明期，以便聯結下一階段的中陰身。在腦內啡大量分泌下，變得清醒，有好胃口，想好好洗個澡，潔淨肉體。騎牛回家，智慧觀照是一般比較多做得到的功夫，雖不滿意也算圓滿，至少走在正道上。

㊂人生的成熟期

接下來**忘牛存人**，是一種不思善惡的境界（牛也空兮，人也閒）。只是把牛牽回庵中，回了牛棚，把牛給栓住，似乎是交待了，安全了，在道德禮教上，大節小節不踰距。沒做什麼錯事，甚至無惡無善，四海兄弟，一視同仁。但是忘牛存人，仍然有我，一切仍以我為相關的出發點，連接點；有我，就會產生我有，我所有，我執。

把**牛牽回庵中**很高興，這也沒有錯，但心態上要沉穩些。就像布施，有做似沒做，無所為而為，無所牧牛而牧牛，牛兒自牧，牧而不牧，人牛一體，這下一步就是**人牛俱忘**，對照佛法而言就是我空，法空，斷所知障、煩惱障。牧牛有知識，如何讓牛兒好好吃草。牧牛也是有煩惱，會不會下雨、打雷，吃錯牧草，跟別的牛鬥了起來，或甚至走失了，被盜走了。

人牛俱忘是否很難做到，其實高僧的開示中常言，吃飯，喝茶就是修道。南懷瑾居士早年參禪悟道問：「世上既有真假，那什麼是真？」袁煥仙回「湯圓煮油鍋。」又問：「什麼是假？」回曰「油鍋煮湯圓。」這些是參頭話，端看你有沒有認識，人牛俱忘，油鍋、湯圓一俱忘，借來用用，有何真假，本來無一物，說真說假就不必了。年輕情侶常問對方，你愛不愛我？愛我多少？是不是只有愛我？一輩子只愛我一個？下輩子還要繼續愛我？那麼請問下下輩子又如何？再來什麼是愛，「愛」應如何定義？二、三十歲男女的愛跟五、六十歲的愛有沒有不同？所謂「疑」、「答」兩忘，拈花微笑。

㊂人生的衰退期

牧者回到庵中，大概也累了，想歇息了。心情放空了，所以「庵中不見庵前物，水自茫茫花自紅」。很像什麼都沒有發生，任何事都有條理，很和諧，很自然。世界本來清靜，道法自然而萬物生焉。春夏秋冬，日夜交替，風和日麗，流水潺潺，綠草如茵，蟲鳴鳥叫，眾神的黃昏，都要稱頌自然的美，大地的真。善哉，我們能在此體驗這麼多，這麼深。庵前、庵內、庵外，事事圓融，**返本還源**，我們來自何處也歸彼處。返回本心、赤子之心、自性心，慈悲喜捨、悲智雙運就是**入廛垂手**。酒肆魚行，化令成佛。播撒善種，讓枯木開花。

在人生的衰退期是循著減法哲學來過日子。老子曰：為學日益，為道日損，損之又損，乃至於無為，無為而無不為矣。沒有什麼值得計較，沒有可以生氣的事，諸事看開了也就沒什麼得失。得饒人處且饒人，人在江湖中，忘乎江湖，忘乎道術。愈修行愈清靜，清靜到了頭，就恬靜止止（止觀）。無常也像平常一般，該來的就來了，既來了就有去的時候。去到那兒，就那兒歡喜。因行減法哲學，所以損之又損，什麼也不帶走，什麼也都不是什麼。莊子給了一個方向，**少私寡欲，遊心於淡，合氣於漠**。[1]

老了，總會有生理、身體出點兒狀況，慢性病，功能退化，大腦退化，病了該如何？擔心重病失能，連累家人，擔心治不好，愈來愈嚴重。又怕經濟上無法負擔。久病床前無親人，無孝子，孤孤單單沒人陪伴沒人說得上話，苦日子當前該怎麼辦？這個摔不掉的臭皮囊會不會是修行的一道障礙，不要說修行者，它確實是絕大多數人類的大障礙，生老病死，苦難之根本。當代醫學也注意到安寧療護的重要性（Hospice），所謂讓病人有尊嚴地死亡，也包括病人自主，預立生前遺囑，簽立不積極治療的同意書，其中包括了維生系統的不施行。也就是自主地加速死亡的過程，這些是合法的。

其實很多癌症病患到了末了，其治療的 ICER 值，就是多存活一年 QALY

所付出的金錢代價，以單一藥物而言就高達一至三個GDP。這些金錢都是全民健保買單。當然這種醫療到底是有效醫療或是無效醫療（futile treatment）也待討論。但是它所換得的是生命末期的生活品質，更深刻影響死亡前開悟；或只是延長生命，做更長的逃避，害怕，怨尤，甚至醫療糾紛。但有趣的事，這些醫療提供了藥廠更大的舞台，研發更昂貴，甚至天文數字的治療費用，只為延長癌末幾個月的生命。這是資本主義社會的遊戲規則，我所觀察到的是，多數病患在消耗昂貴醫療資源，卻罕見病家心懷感恩全國提供健保費用的平常百姓，不會覺得是政府的積極作為，不會體諒醫護人員的辛勞，因為是系統性體制內的社會福利，符合資格者得之，何需感恩之有。我們感恩的心到哪兒去了？

所以這個臭皮囊生病，磨光了全國的善心善行，那麼我們該如何解決？問題出在臭皮囊而已嗎？

註1　莊子，應帝王篇。

12. 無法放下的臭皮囊：怕死怕老的人類

㊂資本主義與工業革命危害人類的身心

諸事無常是生滅法，生滅滅已，寂滅為樂[1]，修道的宗旨既然是四大皆空，我空法空。當然身體這個臭皮囊僅是借來用用，也應該空掉，奈何現代醫學雖注重養生，但西方醫學卻極力主張，不惜一切去延長生命。生命的延長有些具個人意義且有品質的（quality of life），也可能是沒品質也無意義的（例如依賴呼吸器、長期住院、多重共病）。生命的價值在於可以創造人類（群體）的幸福，而不是是純粹延長生物體的壽命，規避討論其正當性。例如極大化的極端就是將當代醫學無法治療的軀體（零下80℃）冰凍起來，以待幾十年，甚至百年再解凍，治療頑疾。說穿了，就是怕死，對軀體的執著。

眾人不尋求超越人生的價值，體會宗教信仰的真諦，只著眼於血肉軀體或慾望的享樂。假若人生不是慾望和享樂，那麼為何有如此強烈的不接受自然死亡的宿命。任何生命體都會凋亡，都有一定的生命週期，絕對不可能長生不老。然而人類的天性比所有的動物都怕痛、怕老、怕死。所以當前社會中都以此人類所追求的議題大做文章，產品推陳出新，人性的道德、品德卻離大道愈來愈遠。

醫學科技的發展，其實以金錢為導向，因為人們怕老怕死，所以生技公司、大藥廠不斷推出抗老、抗死的科技產品，不僅讓眾人拼命勞累賺錢，去購買對生命沒太多意義的東西，徹底被迷惑。西方國家對於二十一世紀癌症末期病人活好一年有品質的生命代價，以標籤價格ＩＣＥＲ值為公定藥物經濟效益的參考。目前世界頂尖的醫師都為大藥廠代言，許多產品尤其為癌症的治療，絕大多數都是無法治癒疾病，只能延長生命。這並不是延長五年、十年，而是只延長三、四個月，在統計學上就可以稱為突破性有療效的新藥。經過計算，假若延長一年生命，是國民生產毛額ＧＤＰ的二到三倍是合理的。那麼台灣人民二〇一九年平均ＧＤＰ是二萬五千美元，所以一種藥品，（不包含其它搭配的基本醫療）五萬到七．五萬美元，也就是死前多活一年的一種新藥物二百二十萬台幣是合理的代價。這是先進國家計價的遊戲規則，不是開發中國家負擔得起的。

若病人多活二年才死，單一種新藥就耗費五百萬新台幣，但尚未加入其它費用，如抗生素、呼吸器、加護病房、輸血、幹細胞移植等以及其它病房費和人事費用。請問這種財政負擔只注重將死者（多數是老年）平均壽命延長，但拖垮年輕人的財務，試想因為健保，無效醫療或次無效醫療（因為健保免部份分擔）所耗費的財政是否擠壓了全國人民的社會福利。

這最大的原因就是生命無價，人人平等，不去討論那些新科技，天文數字價格的新藥，或是那些治療是我們所不需要的。這些錢，多半落入西方大藥廠手裡或股票持有者，國內的醫界或西藥界所得其實也只是過程中的蠅頭小利。

古人對生死看得比較淡，因為醫藥不發達，容易樂天知命，現代醫藥發達，連器官都可以移植，基因可以抑制或重新編輯，所以人體這個臭皮囊，就成為醫藥科技的商品，舊房子需要重新裝潢，臭皮囊也需要醫學美容的打點、改造，定期身體檢查、維護。生物科技成為最賺錢的事業之一。

㊂生命最大的危害，其實是工業污染

二十世紀以降，因中國的衰弱，西方列強的工業革命引領了資本主義的全球風潮，尤以美國為首的西方國家藉著科技改善人類生活，擴大物質享受消費，加上好萊塢電影（美國第三大賺錢產業）的推波助瀾，吸引了全球嚮往高物質享受的菁英們移民美國，並造成全球世界村的同質性現象，喪失各民族文化的獨特性，及良好傳統。人性、良知、理想、價值觀全被洗腦得差不多，再植入美國優先，山姆叔叔的照顧下，一再掌握青年人的思想，引領年輕人議題。世界變成了唯利的社會，沒有了高貴的德性，都成為商業利益包裝的金權遊戲。

人類的德性、價值觀念愈變愈不高貴，也就是愈來愈背離傳統、宗教、哲學、靈性，遠離大道愈來愈遠。中世紀中國人在宋明理學下主張文以載道。西方世紀也在十六，十七世紀成就了輝煌的文藝復興。如今呢！人們一再沉淪，地球愈來愈汙染、髒亂，戰火不曾間斷，瘟疫人禍從不停歇。美國領導人從不承認地球暖化，氣候極度異常與石油工業汙染、基改農業，畜牧生產過度有關。也不問超高碳排放、塑膠海洋汙染的解決方案為何。一向身強力壯者可能一夕間病倒，因為過度自信，從不反躬自省檢查身體。

人類健康的危害，目前與各種工業化、全球化的生活模式有關，但減少汙染意味著減少各種衣、食、住、行的消費，也會讓全球生產指標人均所得降低。所以經濟成長必須每年緩步上升，社會才會繁榮。這種經濟學的著眼點是經濟貿易膨脹，沒有回歸傳統，若每個人生活簡單，不必要每年提高消費，那麼經濟發展趨於停滯。但是物質享受永遠不足以此讓人類可以獲得真正幸福，相反地回歸簡樸生活，淨心，靜意，沉澱紛擾的心，才是根本解決的正道。西方世界很需要二次文藝復興，東方，尤其是中華民族，更應復興固有中華民族文化，從孝道到四維八德，那麼每個人都回歸傳統，感恩惜福，惜緣。過度膨脹的自我人權也必須加以約束，約束自己的慾望，成就利益他人。

宇宙膨脹後必有收縮，社會文明過度繁榮後必有戰爭，森林過度茂盛後必有野火。動物也好，人類也罷，都得服膺**物極必反**的循環與物種的平衡。**宇宙守恆論**尚且如此[2]，我們所居住的地球，以及地球上的物種也是如此。一切不正常的資源過度開發，都會危害子孫，其實我們都懂，但世界法則卻是往極端開發進行，因為人類的慾望仍然高漲，政客的權力隨著政商利益，也不得停息。所以時代的巨輪往破壞地球生態而走，也是無法停止的事實，如同箭在弦上，不得不發的道理是一樣的。

莊子曰達生之情者，不務生之所無以為；達命之情者，不務命之所無可奈何。生之來不能卻，其去不能止。個人生命如此，群體的人類族群也是如此。

㊂文明的興衰亦如是

人之大患在於有身。人類的枷鎖在於有情，有身，有社會的價值觀，人類的安慰在於享受存在感。失去存在感，失去了情、意、愛，很多人活不下去，不知為何而活，失落了，失意了。那是一種孤獨，空虛沒有方向，甚至沒有了靈魂，那麼生活的目的，又變成什麼？沒有自我，盡是無聊的常規工作，那麼尊嚴又是什麼？

人類的枷鎖，其實是自己掙脫不開現實重擔所加重的煩惱，生活的挑戰在功利主義，事事講求效率的社會是辛苦的。工業社會更加把功利主義推到極端。每次工業革命，2.0和3.0已經把生活步調加快到有些人受不了，到了工業4.0，機器人和AI人工智慧成為主流時，失業的人更多。就如同時二十世紀初被淘汰的是馬匹，二十一世紀中葉，被淘汰的是基層人力，以及即將凋零的退休資深公民。原本工業革命是用來改善人類生活，但諷刺的是每位年輕人都幾乎愈來愈難謀生，相對地待遇低，工作機會少，物價高，居住更難，醫藥費更是天價。原來工業4.0和5.0所造就的是財團愈來愈有錢、有勢，進而壟斷了其它替代的活路，這就是所謂自由市場貿易的機制。貧富不均是資本主義最大的問題，進而衍生新貴族與新佃農或奴工之衝突。新貴族憑藉資本優勢，坐著就有大把財富，奴工只有最低基本工資。

自由貿易其實與天擇無異，就是生存淘汰，假設被淘汰者都經由社會福利、救濟制度來補償，但人性呢？人的尊嚴呢？心理上是被淘汰的失敗者，又如何能重新站起來，而他們的後代呢，又該如何治理這多數人是失敗者的社會、國家，那麼勢必會有各種形式的抗爭、動亂、革命乃至於戰爭。一切無法合理或不合理的解決方式或鎮壓都是動亂，戰爭的引爆點。

不要說樂活，想要簡單點地過生活都有問題，貧富不均的社會就是自由競爭的資本主義所造成的。一般人那有什麼資本，大企業合併進而壟斷市場以調高售價，藉錢滾錢豪奪財富，用國際大資本侵略市場，甚至掠奪經濟體規模較小或不甚健全的國家。所以資本主義下的社會是極端貧富不均，主張實用及享樂的物質生活。那麼追求名利以及極樂生活的主導下，健康、長壽甚至逃避衰老死亡的議題，成為大眾所關切的焦點。從器官再生醫學乃至於細胞治療，到極限的基因修改（editing）成為熱門話題，造成目前生技產業蓬勃發展。[3]相對地道德與靈性的修為已經式微，靈魂加速墮落的表象就是世界不平靜，戰爭、暴亂、貿易戰四起，處處鬧革命，又是一個亂世的來臨，一切源自不可避免的正義、道德與現實功利的衝突。

註1　涅槃經。諸行無常是生滅法，生滅滅已，寂滅為樂。

註2　宇宙能量守恆定律：物質運動之物理基本定律。

註3　基因治療。利用特殊無害的濾過性病毒作為載體，將小分子核甘酸嵌入有缺陷的DNA，以修補異常基因。

13.不被當代價值觀同化，活出自己的本心

㊂談妥協與生存

很多人活得不快樂，因為地位、財富、成就都未達自我滿足的目標。有趣的是，這些目標往往不是自己訂的，多少都被世俗的價值觀所同化。

比如說少數民族的部落在地球的某一區，或是許多國家的某一角落，都居住了一些樂天安命的人民，他們比較與世無爭，容易滿足，相對地快樂指數比較高。在美國有一些維持二百年前的傳統生活的清教徒，過著祖先傳下來的風俗習慣並鮮少融入現代資本主義的生活。許多國家的原住民也是如此，他們仍過著桃花源似地、慾望及物質指數不高的基本生活。在時間巨輪幾乎停滯的生活裡，沒有炫耀財富、地位，只有

回歸簡樸生活，每個人循著本心、良知，常久與神親近，日常生活中互相幫助社區的鄰居。安居樂業，群策群力，幸福是很容易擁有的。因為清淨，煩惱就少了，因為每個家庭、每個人都無差別，沒有分別，所以去了人欲，存留的是天理，或是宗教。宋明理學的中心思想就是去人欲，存天理，心即理，性即理，這是唯心論的立基點。

佛法亦云，萬物唯識，萬法唯心，我們的功課就是常久遇到事情能夠轉識成智，唯識家認為離開心識之外，沒有實體，因為任何實體終脫不了，成、住、壞、空，非恆常也非實有，萬事萬物都是同分假立，所以沒有什麼事情感情物件可以執著，耽戀不捨的。

成唯識論強調，去我執，則必須破除**愛**、**樂**、**欣**、**喜**，不緬懷過去的快樂，不執著目前當下所享有的快樂，也不冀求未來照常延續不斷的快樂。沒有物質，沒有快樂的人生是什麼，是一張白紙嗎？沒有物質，那麼人生須奮鬥什麼？沒有目標，沒有競爭，那麼年輕人、中老人又嚮往何處？

人一生的目標，就是**尋回本來面目**，覺**悟**就是找回**吾心**；我們以為的物質或精神，都屬於我們的良知、良能。本來就十分俱足，是可以不假外求的。但是掉落凡間出生為人後，在成長教育及社會薰染的過程，我們迷失了，被物質迷惑了，我們不像小孩子那麼單純，小心提防他人，處處想佔有，時時想到利益，利己大大地多於利他。人性戰勝神性，獸性又跨越人性。於是又回到生物圈中的叢林法則，物競天擇，弱肉強食。只有一些人自慚形穢後，才會開始覺醒尋求回家的道路，這就是尋回本心的逆旅過程，就像尋牛圖的描述一般。到第九圖返本還原之後，方是庵中不見庵前物，水自茫茫花自紅。道法自然，周而復始，秋去春又來，花落花自開。世界不曾改變什麼，雖物換星移，仍舊日出日落。庸俗的世人，仍在現實紅塵中打滾，無法出離名利財色的牽絆，八風吹又動，處處惹塵埃。

本來無一物，自可處處逍遙。但生存的過程，芸芸眾生卻需要因現實而競爭，不僅無法悟到「我空」，卻反而強烈感受到外來的競爭與壓迫，所以處處小心，提防對手，以免被市場淘汰。在末法時期談修行，談自性，談佛法是很困難的。首先必須不與主流價值觀認同，甚至背道而馳，也許被譏評為不食人間煙火、不上進、消極、不作為、清談、不切實際、無法入世的失敗者，只因為世俗的眼光。其實充份瞭解人生的本質，看穿人生的幻象，從積極入世後，拿到世出世間的鑰匙，可以隨意跳脫三界。

看假又看真，看僧面又看佛面。以包容的心、來接納不可逆、不可說、不相為謀的人。學佛修道雖不是世間法，若能從大家所能接受的世間法來接納待人，但存著大肚的精神去包容任何可能的爭論，也是一種不執著的表現，世界若更加祥和，入世與出世又有什麼差異呢？價值觀通常指的是主流共識，假如說吾人能不被當代或普世價值觀帶著走，那又是什麼觀念、情況來支持呢？與神同在吧！

完美的形象是模仿神的，是為世人犧牲救贖的，但人類所崇拜的形象是拜金牛的，是利益至上的，不要說救贖，背負原罪，連利他主義都談不上。所以說二十一世紀所謂末法世代的人要如何訂定當下的價值觀呢？很難吧？所以人類一再地墮落，全面向經濟發展看齊，那仍舊是唯物論的世界，物質表象的世界，以物欲享受為導向的普世價值。所謂三千年讀史，不外功名利祿，五千年文明，盡情名利財色。

莊子笑稱「世人遊於后羿之彀中，彀者中央者，中地也，然不中者，命也。」追求慾望者，沒有不被命運所射中倒地的，偶有例外者，是冥冥之中的意外，但終究仍會中箭倒地的，逃避了一時，逃不過一世、二世。命運是考驗的大神，看似真實的娑婆世界，也不過是虛擬實境的幻象，賴以支持我們在此無情荒地生存的力量與愛，也是虛擬、不常在的。因時因地不同，因緣既起又滅，緣起緣滅，愛起情滅，一個階段接著一階段的脫離世間的執著，放得下，看得開，才能打破七情六慾的枷鎖及有身、有情意的肉體，如此方能進入六解一亡悟道的准入條件。六解一亡，就是將眼、耳、鼻、舌、身，意的六種意識，一一去除其分別心，不追求感官意識的享受，一步步地放開，解開俗人的慾望，最後才能淨空身體及意識，進入無我、無法、無相的我空、法亦空的聖境。如此方可昇華進入真人、至人，或是佛教初果、二果的准入狀態，或位階，成為真正覺悟者，阿耨多羅三藐三菩提（無上正等正覺）。

當代的價值觀是主流社會的價值觀，但不是全然正確的，尤其是政治人物的價值觀，多半是以政黨利益為導向，為選票而譁眾取寵，有些政策是刻意包裝，是利用民粹的私心，撕裂了百年來的族群融合，千年來積累的道德、傳統。吾人若能冷眼觀察如此普世的主流價值，但不同流合污，從混沌的世界中保持清醒，世俗的變化即如用竹影掃街般灰塵不動，不能更改我們的赤子之心，所以威武不能屈，貧賤不能移，在白駒過隙的短暫人生中，從容通過。

㊂如何活出自己的本心（本來面目）

詩經大雅：**天生烝民，有物有則，民之秉彝，好是懿德。**

每個人降生在地球上（世界只是地球的世界，仍有許多吾人看不見，摸不到的空間、磁場），只是暫住而已，必须依循生物的形體、法則，也就是臭皮囊與週遭事物的互動，叢林法則也好，宗教道德約束、世俗的公序良俗要求也罷。法則與次序的妥協與平衡，合理不合理，道德非道德，大都是人的群體訂出來的。由人類治理人類，所以天生烝民，有物有則，但天地、四季的循環平衡，氣候變遷，地球暖化造成的天災、瘟疫、人禍，則是自然的法則。在此有物有則的次序下，我們仍保有良知良能的性自性，好的道德情操是值得讚許的。

天地不仁以萬物為芻狗，天地無為，無心於萬物。可見人的一生是不容易的，充滿了各個階段的考驗，如此辛苦地度過一生，為的是什麼。就是把自己的本心找回來，民之秉彝，我們常放在心上所護持的初衷是什麼？就是追求真、善、美的本心。宗教家所言，以基督教的心為心（腓立比書 3:2），我們可以說不是為誰而活，而是找回自己的本心（自性）成就神所託付的任務。去二空，斷二障，我空、法空，斷所知障、煩惱障。

法既已空，無一法可說，就沒有什麼批判、分別可言，沒有什麼人生太短、太多事沒做完的推拖之詞。很多走到生命盡頭的人，都會向醫生訴求，他還沒準備好，還想多活幾年，後來一段長時間過了，病人的態度仍然如此，也沒多完成什麼功課，因為他們根本修行錯了方向，沒有看清楚人生的真諦，仍無止盡地追求虛無飄渺的夢及個人欲望。

迷失自性，追求物質欲望才是最可怕的癥結。無止盡地在煉獄中輪迴，不得超脫。**若耽現行樂，當知來世苦。**

14. 似真亦假虛擬實境，顛倒夢想

這個真實，摸得到看得見的世界，怎麼會是虛擬的？假如這個世界是假的，那麼我又是誰？又是什麼呢？那麼至高無上的愛、記憶、歷史，又是什麼？假若這個地球，這個世界是虛擬實境，那麼我們應如何生存，如何度過此一生，這是一個人間試煉場。如何能通過考驗？而每個人的功課、人生安排，所謂的命運又如何？

道可道，非常道；名可名，非常名。老子說道也者，玄之又玄。這是個天機嗎？是如何不可洩漏？眾妙之門。假若人的一生是命定論的安排，那麼自己又能決定或改變多少，吾人的自由意識又佔了多少？而自由意識是真的自由嗎？還是仍有逃避不了命定、事先被決定的「不得不然」，所以然？非所以然耶？德國哲學家叔本華言，我們其實活在**表象的世界，除了意志之外不是真實的**。我們該怎麼做才對？有人不停地問，有人不懂也沒空來問？問造物者，問神明，天地不公啊？萬物為芻狗！天地不仁哪？生靈塗炭！老天沒眼哪？黑白顛倒！是老天錯了或其實我們認識不清楚？天地與君王一樣很難做到公平，只能自立自強，更何況虛擬實境。

我為何寫這本書？為何要對虛擬的世界多所評論？天法道，道法自然，就讓每個芸芸眾生選擇他們自認為的自由意識，整個生物法則，就是自生自滅，到最後一個個物種瀕臨絕種。萬物皆出於機，皆入於機。[1]是的，喜好思想的人已瀕臨絕種。啟示錄言當羔羊掀開第七個金印時就等那天的到來，七位天使吹號，天上出現大異象，宇宙是有盡頭的，耶和華是首先的，也是末後的。最後撒旦被釋放，天使全部回到天上了，那麼留在地上的人們何去何從？

這本書寫到此，說得清楚明白嗎？或許也因看不到、看不懂而落空？至少我們瞭解潮起潮落，緣起緣滅，不必計度黑白得失，烏鴉不是染黑的，鵠鳥也不是洗白的，聚散有時，在擁抱人生的同時，也同樣地告別，一切無所從來亦無所去，是故如去如來。一切似假亦真，看似有情卻是無情，就因為慾望，這個幻境只因眾生心想而生。

不起心動念，三界跳出，四大皆空，聞所聞盡，盡聞不住，覺所覺空，空覺即圓，圓所圓滅，空滅既滅，寂滅現前。[2]我們聞盡否？圓覺否？未聞盡能否圓覺？既圓覺已，能否空滅？似假亦真的世界，就需要借假修真。把假的世界放下，簡單地說就是去人欲，去掉賴以生存的叢林法則，也就是拋開入世的學習經驗，捨掉愈多眼界愈清楚明白，施比受更有福。道理就不辯自明了。施就是布施，放下了執著，又法布施，德布施，自覺覺他，覺行圓滿。有愛才會布施，有關懷就有慈悲心。

這個世界是暫時借來用用的，天地者，萬物之逆旅也，就像一個旅人短暫的客棧。精進使我們還得好好趕路，人生須臾，無常迅速，人一生的路都在找回本心，修正積習及累世的業，放下愈多（我空、法空）那麼損之又損（罷肢體、黜聰明），最後空掉所有（坐忘、心齋）。[3]這個世界就是修煉場，所以人生基本面是苦中作樂。

人生隨處可修行，從小到大，學習安身立命的本領技能。達成現實後再不惑，知天命，耳順而不踰矩，其實是修証放下功夫。做任何事秉持我空、法空的心境乃至於無為，無為而無不為矣。為學日益，為道日損，年輕時為了生存，所以選擇加法哲學，為學日益；到了中年，甚至老年，以減法哲學、為道日損的出世態度來做人才好。

有位年長者多重疾病纏身，得到急性骨髓性白血病時七十有二歲，經歷強化化療的嚴重副作用，無惡化緩解達十五個月，後來血癌不幸復發。我們討論治療的方向，他表示任務未完，雖責任已了，仍然希望繼續好好活下去。當初老人家發病時已表示過他責任未了，任務很多，他們會眾中有法師，他的神明會治癒他。我請教他神明如何治癒他，他說經由張醫師的高手。我說那是我治療他，不是神治療他，假若神明指導我們，那麼神明又如何介入呢？讓我靈犀一通，變個法術，變出仙丹來，讓血癌細胞躲起來或滾回去，或通通成熟了、變好了嗎？神自有祂的高度，不是凡人的世俗看法所理解的。十五個月過去了，他責任仍然未了，過了一年多他仍然想不開？逃避？他沒有再回答，因為神力有多高明總是有天意，壽命有結束的一天，每個人命運不同，不是光靠努力就可以的。每天很多嬰兒出生，很多人被診斷為癌症，也很多人因罹癌而死亡。天生蒸民，有物有則是自然法則。後來女兒同意讓他轉到安寧病房接受臨終支持治療，完成最後功課。

我們的功課是做好自己的角色，完成一生的任務，而不是享受欲望，逃避死亡，人會死是天經地義的事，人怕死是生物的本能，逃避死亡是所有生物的本質，就像沒有水，生物不能活下去一樣。人生病了，得到重症醫治不好的時候，求神明又能改善嗎？這是回歸本心，認份、知命、順命才是。中國歷代皇帝從秦始皇、唐太宗、雍正帝都死於丹藥。老子說**禍莫大於不知足，咎莫大於欲得**，無效醫療是逃避死亡的負面教材。

在另一個病房，一位六十九歲的婦人，船長夫人，她四十九歲得乳癌，五十五歲得惡性淋巴癌，六十六歲得到骨髓化生不良症（MDS），六十八歲轉變為急性骨髓性白血病，二十年來都我在處理。在死亡之前我們約好了，不再做化學治療（年長者此病化療預後很差，風險效益比不佳），二十年來我為她做太多次化療，她覺得已經夠了，一次比一次的癌症更嚴重，她認為是時候了。全家人都同意下簽署了SDM病人自主法，不急救，最後約住院五十天，在醫院安寧安祥地離開。每次查房她會微笑，「今天，都好！」雖然變得重聽，也都沒抱怨什麼。她先生是退休的輪船船長，為她的重聽製作了一個一尺長的聽筒，比婦產科醫師用來聽胎心音的聽筒更長，想法來自輪船。她每個週六都請假回家洗澡，看看房子，五、六次回家看看後，都圓滿了，最後一次沒回去，在中秋月圓之前仙逝了。

兩個例子的對比是鮮明的，有些人講很多理由，有很多計劃，但就是永遠都還沒準備好，人生稱不上順利，也不是金銀財寶太多，沒時間好好享福，既不是兒女成群很孝順，也不是鶼鰈情深，捨不得另一半，他說他不怕死，就是還很多事沒辦完，卻又列不出一個未完心願清單。我們臨床醫師既要尊重病人自主心願，繼續治療，又有行善原則，不得違背不傷害原則。另一方面卻得面對無效醫療，健保資源分配的議題，就是一個「難做」的功課。

在台灣託付神明，是向神明懺悔，或是希望神明顯靈？是求內心平安或是發願迴向眾生？多半其實是求自己長命百歲。我想眾生想逃避的事太多，有太多不被滿足的需求，而不去思考人生的盡頭。

眾人迷惑於聲色犬馬的花花世界，把假當真。殊不知欲望永遠無法填滿，五色使人盲，五音使人聾。資本主義的世界就是不斷創造商業利益，不斷推出新產品，新潮流吸引眾人去追逐，去消費不必要不實在的附加商品，一切都是金錢遊戲的追逐。以通貨膨脹的理論來支持經濟的持續發展，這種資本主義基本上都是功利的利己主義，所以世界變得愈來愈髒亂，地球不適合人居住，就是主流資本主義下過度消費的必然結果。

人類永不可能長住於月球、火星，那比天方夜譚更荒誕的故事，居然有這麼多人相信，人是被創造出來的，根本無法挑戰神，相信無神論的人，是多麼無知，至少讓這麼多瀕臨死亡的病人，相信還有很多種治療可以延長生命。是的，總有一些新治療可以延長生命，但仍是無法治癒。或許再下次，再五年，十年，二十年，但是醫師們有沒有提醒他們這個世界是虛擬的，人的一生是個過程，是我們要經由浴火重生的過程，而不是處浴血中輪迴打轉。

人的一生是改造的過程，從認識自己的各種優缺點，經由覺悟自覺覺他，修正自己不好的業，提升靈性、神性的果位，提升到心理學家Maslow馬斯洛的第五層次自我實現。反觀目前的社會，許多仍停留在生理、安全需求，及社會社經地位的維持。自我超越在尊嚴需求之上，名利、財色都在尊嚴需求上止步，自我超越在我看來必須超越主流價值觀，道德觀，彷佛藝術家到了忘我的程度。這是抽象的比喻，很多台灣原住民在祖靈出現時，有些人會有忘我、**出彩**的片刻，那只是短暫的神人交會。但有意志的自我超越是可以常常出現在覺悟的高人、高僧身上。**出彩**只是莊子所謂的神人的階段（未達真人、至人）。馬斯洛是位心理學家，但釋迦牟尼佛的理論更超越了心理、哲學、神學的範疇。真實地看穿了娑婆世界，也只不過是恆河沙的寫照。

大家都會朗朗上口，借假修真，假在那裡真又在那裏，說得好，做不到，就像會學人類說話的鸚鵡，真懂了嗎？做到了嗎？

很多人迷戀這個既有情卻無情的娑婆世界，以無情荒地來看這個世界是遵循物種延續的叢林法則，物競天擇，在競爭淘汰下適者生存。要永續生存是多麼不容易的事，必須人與天爭，人與獸爭，人與人爭。二十一世紀的人類不僅要與氣候變遷的問題爭水資源，與人競爭食物供給不足與浪費的問題，更有工業4.0版，人與人工智慧機器人的競爭，冷靜想想，人類把地球搞成什麼樣子。無知、貪婪、傲慢（貢高我慢），官商勾結，踐踏美麗的地球，到處挖得坑坑洞洞，森林亂墾，破壞水土保持所換得的財富再養殖畜牧、漁業，造成環境污染、河川變色、地球暖化，只為了享受與再換取更多的財富。

在醫學界同樣地吹噓醫學有很大突破性進步，可以長生不老，但老年痴呆、癌症都治不好，雖可以延長生命，但短暫的延長，從兩個多月到四、五個月都可以被視為有統計學意義，或突破性的發現，例如基因密碼的破解改造（re-editing）、免疫腫瘤治療（IO）甚至於幹細胞移植等等。當我們耗費每年台灣GDP三倍錢去挽救存活一個癌末病人一年的生命，所謂的ICER／QALY（多活下去一年的金錢代價），其實是指病人絕大多數的結果是死亡，只是多活一年存活（壽命）的藥物經濟效益值。但是醫師們在追求病人存活益處的同時，有沒有告知病患，他們其實大多數會死亡，比平常人的預期壽命短少很多。

換言之，病患已經處在死亡的程式與過程中。所謂不治之症，是目前要面對癌症病患，卻很困難啟口，很不容易說明白的地方，病患會認為醫師不是來治療我，來救我的嗎？為何有意、無意提醒我死亡的議題？病人沒有悲觀的權力（尼采說受苦的人，沒有悲觀的權力），但醫生也應該沒有消極的權力，醫生應該盡力醫治才是。絕大多數醫師不會跟病患談論對死亡有什麼看法，雖然有生前遺囑、不急救、器官捐贈等病患自主決定權的行使。

但生死學是哲學問題，也大於宗教心理學的範疇。真正說起來，大多數學者也只能碰觸生死之表象，因為他們看不透這個世界，地球的萬獸萬物是虛假的，不真實恆常存在的。既然不恆常真實存在，那麼眼睛所看見的世界是什麼呢？幾萬光年的恆星，被黑洞吃掉又是什麼。太陽系存在嗎？我們看到了太陽，都會說沒有陽光，沒有水，沒有空氣，地球哪有生物，所以認同它們存在。假若說存在是有，就會有恆有，有恆常。但我們很多人都同意，世上人間諸事是無常，不一定有常理可循，不一定恆常存在，所以是不可預測，從此角度來定義人世間是無常。無常與恆常有違背嗎？可以既恆常又無常嗎？我們這樣分辨有什麼意義嗎？

這些哲學問題無需爭辯，從釋迦牟尼佛的經書可以得知，人類煩惱的癥結在於執著，執著有形的身體，所以有生老病死的煩惱，即使問題已來，業報未到，但有此預期心理，依經驗法則來看，一切變化都是很可怕的，所以導致貪、瞋、痴，想辦法逃離生老病死的苦難，顛倒夢想，以為人可以長生不老，可以愈輪迴愈好，一切無法達成的願望，期待來世中可以圓滿。但是我們看到的世界卻是相反地不斷沈淪。明天一定會更好嗎？我們有不安的感覺，因為害怕遭遇到苦難，希望長命富貴一生，然後無疾病善終。但是我們看到別人病痛纏身，所以會覺得無常，不可預期的劫難、災禍潛藏於四周。

人愈老會越怕死亡，都不是我們期待的，所以無常迅速是存在的。那麼恆常存在嗎？假若恆常存在是相對於無常也一併存在，恆常像是一切數目的總合，無常是所有奇數的總合。如此思量就不覺得有什麼遭遇是特別不幸的，因為部分不小於全部總和（集合論悖論）。一個災難過去了，經驗過了，我們就相對地有經驗有智慧了（多多少少有了進一步對人生的體會），等到人生經驗多了，我們會成長，**剎那間覺醒**。六祖壇經裡有個偈子，迷聞經累劫，悟則剎那間。當覺醒到一定程度，就可以開悟，就像水的熱度上升到攝氏一百度，水就會滾，變成水蒸氣，這是一種昇華。悟性的層次就是人格靈性的昇華。**弘一法師李叔同說一切眾生皆有如來智慧德相，只因妄想執著不能證得自心是佛；佛住自心千迴百轉，只差一個轉身。**[4] 轉身就遇見佛，放下執著就是佛，執著乃修行之屠刀。

我們把死亡當作無常總集合。那麼重生（Resurrection）就是恆常的另一種表現。在黑暗的無常中，無永恆的黑暗，心經云「無老死，亦無老死盡」，佛陀在鹿野苑說法（初次弘法）時，說人間世就是苦，集，滅、道，四聖諦以及三法印，諸事無常、諸行皆苦、諸法無我。然而在心經裡又提示我們無苦、集、滅、道，不要在執著於老死，所以說無老死。

但下一句心經又云無老死盡，暗示著老死即死亡的存在，身體會暫時凋亡，但靈魂能量不滅，而我們不要再玩文字遊戲來辯論此議題，因為這個身體，這個世界是一合相，因緣和合而存在，不是恆常在也不是不存在，這才是真空妙有的意思。空不是真空，色不是真色。

我們若只因五蘊六識，用感官來看這個世界，就會掉入「有」與「無」的迷思，「美」與「醜」的分別心，這些都是顛倒夢想，因為我們所談論的主題是不恆常存在的，是虛擬的實境，是借假修真的過程。名、利、財、色終究在時空的大輪之下變成夢幻、泡影。有為法只適用於世間事。出世間的是聖賢事，以無為法能得之。既然如此，我們不再留戀人世間的榮華富貴，那麼人生的目的既非如此，就應該放下人生的慾望，從更高層次的靈性、神性或說悟道的過程來努力。該如何開始呢？放下執著。

死亡只不過是這一世人生的結束，每一段人生就有預定的計劃，每個不同的人生，反應的是諸個體不同的因果業報。所謂修行在個人，能不能知道自己的任務，重新認識自己，這仍有待精進的功夫。簡單地說，就是放下執著，原諒自己，寬待別人，又饒益眾生。損之又損，不斷地放下，放到四大皆空，無為的境界。

無為，乃至無所為而為，無不為矣；這是一個無限大的集合，也需不斷累積資糧，愈放愈透徹，資糧也就累積更多。空就是無限大容量的集合。即使小小的一步，但往正確方向的一步，也是非常重要的。

做好事會成習慣，相反地做壞事也會習慣同流合污。德不孤必有鄰，這是成德的助因，也是增上緣，也會是一個慣性作用，神佛在冥冥中會有助力，有成德被授記的一天。仙佛都是過來人，他們走過的路子我們也會經歷，那是我們的榜樣。有為者亦若是。登高必自卑，行遠必自邇。俗話說的「一步一腳印」。

此生已盡，一輩子總有走完的一天，那天的到來不是我們區區人類可以決定的，也不是出自個人自由意識能全盤掌握的。有科學家說人的壽命可以無限延長，所有的癌症終有被征服的一天。我們到了月球，探索火星，只不過是在太陽系裡玩小把戲，況且成功率很低，殖民在別的星球也是天方夜譚。人類的夢想就是以為自己是神，可以學習神的創造能力。就像西遊記中孫悟空永遠跳不出如來佛的神掌。

此生將盡，那麼我們應該秉持什麼心態？還是詩經那句老話「天生烝民，有物有則；民之秉彝，好是懿德。」也就是立下梵行，好的德行典範。我天命中的功課已經做好，所作已做，最後我將往何處去呢？不受後有，就不再有牽絆，那是莊子的逍遙境界。

昨日總總譬如昨日死，不追憶過去。歷史是借鏡用的，已經過去，已經不存在。就比如化學反應的一連串過程，在下個產物生成後，前面中間產物已不再存在。新的交互化學作用、物理變化正進行中。我們不再哀傷過去，那是成長的過程，眼前仍有新的功課必須面對，即使是放空，也是在等待下一個功課。如如不動，動如不動，不動如動，這才是無所從來，亦無所去，既去如來，已來如去。

我們哀傷或緬懷過去，或創傷或痛苦，當下都已不存在，這是解脫的過程。反之不斷從哀傷中尋求原因，解釋天理、公道，那就是不原諒自己，也不原諒他人。憎恨心愈纏愈重，很難出離，那是世間事，是很糟糕的，人被情感束縛，很難清靜，無法逍遙。假戲真做，變得虛擬中的虛空，是浪費生命，不僅原地踏步，也是修行退步。名、利、財、色、情就是作繭自縛，浪費生命的高風險的試探、誘惑。

人生到處知何似，恰似飛鴻踏雪泥；
泥上偶然留指爪，鴻飛那復記東西。

人生只是片刻的停留。到底問題是停留太長或是太短？朝聞道，夕死可矣。生命莫關乎長短，關鍵在有限時間內有沒有圓滿覺悟，有沒有幫助他人覺悟！寫書立論，也是覺悟過程的分享，多開一扇方便門。願有見聞者，悉發心証道，同升極樂國。

生有時，死有時，栽種有時，拔出所栽種的也有時。（聖經：傳道書3:2）

人的一生，大部份是被決定的，自由意識只能管控屬於人的能力範圍。天性難改，本性難移，除非徹底覺悟，鞭策自己才有改變心性的機會，所謂「悔改」。所以說一個人，生在那個家庭，落腳在那一戶，都有因緣可循，只是有些不是凡人所能理解。基本上人的生辰胎兒不能自己決定，也不能由母親決定，剖腹生產除外。人的大限，何時會死？是病死、老死、意外事故、被謀殺、王法所殺、戰爭死亡、天災人禍或醫療意外……其實自有命數。上帝是不玩骰子遊戲，命運的軌跡不是人類自己可以清楚預知的。

無論多麼有成就，那天到來的時刻，不是我們能預知的。當我們治療癌症的病人，也常會發生意外或出乎意外的好與壞，但有經驗的臨床醫師，或可得知一些天機。常言英才早逝，天妒英才，其實是謀事在人，成事在天，天意如此。當思考人有其極限時，我們應秉執的態度是隨生隨死，方死方生。每天準備好無常迅速到來。我們的生死自有安排，過份擔心也不必要，做好自己的角色，神隨時看著我們。人世間的來去安排，把功課完成就是圓滿，至於未來會往何處去，其實也不用擔心，因為依因果律來論定。聖經啟示錄說上帝是公義的，一切在主，主必報應。

佛教的說法是，欲知來世事，今生做者是。今生，梵行已立，所作已做，也就不擔心未來往何處去。到了最高境界就是隨順無礙，隨願成就；人不會沒有原因就出生於人世間，人不會沒有原因就死了。

所有有關人、眾人、國人的事，都有業力牽引，個人的個業，眾人的共業，同中有異，異中有同。每個世間的人是共修，都是在所謂虛擬又實境的閻浮提洲、忉利天，各種人類所居住的世界都是一樣的。

每個人各自領了天命，下來修行，接受考驗磨鍊，當天命完成之後，無論在人間、在天上、在任何一個磁場、重力場、星球，都會是好的歸宿。所以在很多理論及宗教上，知道有來世（after life），生命、靈魂仍會以另一種型式、樣態存在，人們就比較容易接受死亡。接受生死相續，或許可以說人的肉體會昇華，死亡不是黑暗的，不是所有樣態的結束。死是生的另一面的開始，無老死、亦無老死盡。我們應以此態度擁抱生命，而不是一談到死就害怕。孔子說不知生，焉知死，其實是推諉的說法；莊子言方死方生，方生方死，才是徹悟生和死的真諦。

無死、無老死、無老死盡，就是虛擬實境的不真實性，如此亦打破了有人、有人生、有死、有慾望的苦、集、滅、道。無我，因為我空；無一法可說，因為法也是空。我空，法亦空是相對的存在。如此再進一步就是斷滅所知障，沒有了所知障就沒了煩惱障；所謂修成正果的兩大必要條件，證二空、斷二障。如此思想修行精進，日積月累，自然會修得無上正等正覺，成為真正的覺悟者；萬事圓融通達，隨順無礙，隨願成就。金剛道上既已成金，不復為礦。斷滅第六識、第七識，成就第八識異熟空的大道。

要如何做到不再掉落欲望的誘惑與漩渦？簡單地說，就是不起心動念。起了凡心動了雜念，心識就有雜染，有了念頭相續引起業風飆盪，就很難持有平常心與清靜心，因為分別心又再升起，我執隨著衍生。又將是苦難的來臨，引起燎原之業火。

註1　莊子，外篇：至樂。

註2　楞嚴經卷六，觀世音菩薩成佛之路。

註3　莊子，人間世。

註4　弘一大師修心錄，李叔同故居紀念館。橡實文化出版。

15. 朝聞道，夕死可矣？

古人能聞道，實屬不易。真的大道，不僅是儒家的做人處事，甚至為官之道，民為貴的民本思想，仁、義、禮、智、信的君子之道，道家更點出儉、慈、不敢為天下先的順天知命的哲理。有些思想在亂世中，撫慰人心，但在太平盛世中人們不再追求心靈的提昇。在資本主義的思想上追求物質的享樂，過度消費，個人至上，法治成為有心人士操弄的護身符。議會政治早已成為各界揶揄的笑柄，多麼諷刺的亂象。

末法世代已經掀開了序幕，人類的苦難一步步加劇，目前的全球暖化只是序曲，將來有更多天災人禍，人類的肆意破壞大自然一定會自食惡果，反噬反撲，這種因果律是全人類的共業。世界的先進工業國家是罪魁禍首，綠色環保每位世界公民應該責無旁貸。

我們離大道愈來愈遠，因為目前世界的引領者，西方世界的主流價值都是經濟導向，只因為政客都是短視的、自私自利的，不僅沒有智慧，也是愚蠢的。自己國家利益優先，這不是自掃門前雪嗎？

英國在十八世紀工業革命後，憑藉強大海權優勢，佔領掠奪殖民土地，而中國十九世紀的衰弱，不就是因為英國將大量印度製造的鴉片賣到中國來交換茶葉、瓷器、絲綢而滿清政府的腐敗加速了中國的衰弱。當時英國議會反對的保守黨有良知的議員也無法阻擋二七一票對二六六票遭到否決，英國政府做出如此喪盡天良、毒害他國人民健康的歷史，目的只為了平衡貿易逆差，如今美國川普政府也正在仿效，這是不可磨滅的恥辱。但世界的秩序因此被西方列強所把持，二次世界大戰後更是傾銷資本主義的功利思想。從工業革命以來，人民喪失了牲畜，使其變成了食物；失去了土地，失去了森林、雨林，現在失去了海洋（到處塑膠微粒污染），失去了冰川，失去了南北極的冰山，失去了保護地球的臭氧層，家庭的倫理結構也因工業化世代的生存競爭瀕臨崩壞。工業社會裡世人眼中只有賺錢，以為金錢可以解決大部分人們的煩惱，例如生病；對照中古世紀，醫藥不發達又沒錢治病，只能祈求神的保佑。神與地方父母官及醫生是眾人所仰望的希望，幫忙解決生老病死的苦難。

現在人們終將不再感謝醫生的醫治，醫生不是神，科學家可以創造ＡＩ機器人來診斷疾病；學生不再感謝老師，以後有機器人可以複習功課；養兒不防老，買個機器人來幫忙家事，照顧起居。這個世界病得很嚴重，幾乎將無藥可救。

生命樹的盡頭是永恆的生命，知識樹的盡頭是死亡。科學家喜歡創新、扮演上帝，像魔法師一般。再利用創新事物換取商業利益，再左右政治，可以預見的結果將是死亡會在盡頭等待。

醫學、生命科學也一樣，複製生物，基因改造，這些除了好奇心之外，就是龐大的商業利益，說穿了就是可以賺大錢。反過來說研發好幾代先進戰鬥機、航空母艦、核子彈頭，會創造人類幸福嗎？當然不會，是用來控制小國就範，多交保護費，多讓他們賺錢。這種思想源自古希臘城邦斯巴達族的征服，迫使他國人民成為奴隸。人類的行為大致上沒有進化，仍是野獸弱肉強食的現實叢林法則，只是更加嚴重。西方人類只有在文藝復興時代比較像個有次序、有理想的歐洲。當時他們仍尊神為大，因為剛從黑死病恢復元氣，但是仍有歐洲諸列強英、法、西、意、土的戰爭，接受梵蒂岡教皇的斡旋。但十八世紀末，工業革命從英國發跡以來，西方人離文藝復興愈來愈遠，從啟蒙時期到目前年輕世代已經忘了神是什麼。物質生活的享受，時尚的引領，不知勤儉樸實的生活基調才是做人的道理，隱居式的生活常被社會輕視。

從此人們逃避死亡，不管醫生如何告知，很多人卻相信人類可以突破醫學的極限，因此有些人的死亡變成漫長的過程。過去數星期會死亡的病人，如今可能延續很多年，雖然有意義地延長了生命，但是生活品質呢？臥床、呼吸器，或是加護病房。這些耗費大量金錢換取的生命背後又是什麼？他們的餘生，多半是失能、殘破的，他們感恩了嗎？悟道了嗎？更加認識神了嗎？或是天天擔心惡化、復發、死亡的降臨！

病人問：醫師啊！救救我，我還不想死！

醫生說：你什麼時候願意死？

病人說：無論如何，我都不要死？

醫生說：若能暫時存活下來，你想做什麼？

病人說：我還有很多事要做，我還沒好好享受。

醫生說：舉例說說，有什麼事想要完成啊？

從最重要的，列舉到不重要的，列舉看看願望清單 Bucket list？

病人：（沉默）……死亡很可怕，我列舉不出來。

我永遠都不可能準備好……。

上帝是有大能的，祂創造的人類，就是跳不開人的框架、動物的本能，就是貪生怕死。不對，是因為地球上的人類智慧未開，所以軟弱；是因為不認識神，所以不知道自己會回到神的懷抱、神的國度。他們認為沒有來生，所以好死不如賴活。

若沒有立下懿行，如何念茲在茲，做神的奴僕。我們心知肚明，回不去神的國度，無顏面對神，才是最重要的原因，因為我們向慾望屈服，逃不開魔鬼的誘惑。當我們再度看使徒行傳、羅馬書等聖經，我們會發現保羅與彼得他們對耶穌基督有深切的認識，知道有來生，有下一世，有神的國度。活著是基督，死了必得著益處，會與耶穌在神的國度裏相會，檢視所做事功之罪與罰，懺悔及救贖。

西方世界的哲學宗教思想建立在人有罪，而神派遣耶穌下來替眾人承受了罪，被釘死在十字架上，這是救贖。信徒因信耶穌，信基督教義而得救，神赦免了人類的罪。人的一生就是尋得神，得到救贖的回歸過程。神所給人類的苦難，得以有能力去克服。

一切必須服從神的旨意，順服耶和華是智慧的開端，舉凡疾病、治療、復發、痊癒、死亡……，這些都是救贖的過程。生病不是罪，死亡不是罪，藉由生病，才會知道人類的渺小，藉由生病才會珍惜每一天平安的日子是多麼需要眾人的幫忙，需要風調雨順。死亡只是考驗結束的過程之一，不是及格、不及格，也不是獎勵與懲罰。死亡只是樂章的結束，是另一段旅程的開始。或許有人會問，彼得死後在神的國度與耶穌會面了、生活在一起嗎？然後又如何呢？從此不再回來人間，永恆在天上幸福快樂嗎？假設是如此，要如何做才能達到聖徒彼得的高度呢？

就如同荷馬史詩中奧德修斯（Odysseus）在木馬屠城特洛伊一戰立功，回希臘的途中他褻瀆了神，傷了海神的兒子，六次在海上都回不了家，他因痛苦遭遇而辱罵神。最後海神（Poseidon）訓斥在破船漂流中出言不遜的奧德修斯。海神告訴他，若做好事但心中沒有神的存在，你什麼都不是，都微不足道。回頭看我們的病人，他們常說一輩子沒做什麼壞事，為何會得此病痛折磨。我在一些前面著作中都提及，但當我反問他們，你做了些什麼好事，比別人特別好的？這時他們無言回應了。諸惡莫做，沒有錯，很多人奉公守法，但諸善奉行，就端看個人的修為高貴，與憂國憂民的奉獻心。很多人有很大的進步空間，但可惜沒去認真奉行。

或許有人會提出心懷討好神的態度（為了得到神的讚許）去做善事，如同希伯來人後裔般是真善或是偽善，是有所為而為，或是無所為無所得而為？該是這樣說的，我們心存善念，心中有至高無上的神、宇宙創造者，我們至善的心，本來就是神的一部份。我們也有神的影子，我們諸善奉行是本著初心，並不刻意去討好任何神鬼。我們本身也是神鬼的一部份，西方人所謂的 Holy spirits. Holy ghosts。以東方的思想就是法身、應身、報身。所謂盡此一報身，同生極樂國。在迴向文中我們都如此。朝聞道，夕死可以。我們盡完了報身的功課，在這一世中，做鹽做光，為社會盡力。報身已盡，成就了法身。

這是個圓滿的過程，是歡喜接受的能量轉換，是恆久不變的幻化，重生。癥結在於人們短視，迷於經營會腐朽的報身（臭皮囊）。以為臭皮囊的維護才是最重要的，於是出賣靈魂，幹了壞事，傷天害理，欺瞞枉法，只為了享受、慾望、名利財色。這個世界病得很嚴重，從上位領導者，乃至全國精英份子都崇尚功利主義、個人自由色彩。競爭的商業、政治鬥爭、區域戰爭、金融風暴，名利場的黑暗充斥二十一世紀，真是人類的災難，很難回頭了。

朝聞道，夕死可矣？當然不是名利場裡面的人所喜歡的，他們應該會齒笑、迂腐的讀書人，食古不化，理想化，烏托邦的古早人。天下無道，王霸當道，經濟至上，人們長命富貴，拜金無罪，世界會因此和平嗎？

天下豈有道乎？王道、人道、君子之道、僧侶之道。現今社會是政治家（政黨、政客）、商人之道，是利益導向，或是理想美德、仁義導向？大家都心知肚明。天下交爭利，政客假借民主政治操弄議題，遂行愚民政策；法治也淪為上位者、取得政權者之護身符。各國政壇醜（丑）聞不斷，社會病了，我們若取向錯誤的思想，價值觀傾斜，那麼我們也一樣病了。

虛榮的人們，活在虛擬的世界；
虛幻的夢想，死於功利的社會；
虛假的長壽，劃出虛胖的存活。
虛情的人際，寫出生存的競爭；
無情的荒地，不務死之無可奈何；
無義的人生，不知生之所無以為。

活錯了方向，等於白活一場，有人認為值得原地打轉，看看風景也可以。或許有人一覺醒來，才知道錯了，南柯一夢，終有覺醒開悟的時候。大環境在迷霧中是很不容易看清楚方向的。社會病了，沒有感恩只有利益，地球病了，雨林、冰川、物種瀕臨消失。政治領導人、宗教領袖無不向利益靠攏，把人們的良知帶到虛情假意的偽善，稍有良知的人們會發現其中的矛盾、詭詐，但已身陷其中。身在江湖、心不由己，小團體的輿論就像被套上緊箍咒一般，動輒得咎。

常常偽善也不必了，陰謀也不用，就是強行立法，國會過半就是實力，民主賦予的權力大過一切。輪替的政黨何時讓民眾滿意？假借前瞻的願景遂行議員的圖謀，最大的罪惡不是浪費公帑，而是欺騙社會；利用扭曲的歷史共業，造成族群對立，破壞族群和諧。

最嚴重的是族群對立，貧富不均，不公不義，製造分歧、動盪來謀取私利。溫、良、恭、儉、讓、的美德不再，教育方針偏向功利、個人至上、學生至上、家長至上，這不是溺愛，不是媚俗又是什麼？教育不嚴，治學不深，哪來的棟樑之才。人的修行在於愛、博愛、大我、四海之內皆兄弟，因為愛無分別心，無國界無種族。但是二十一世紀是民族主義、激進種族分離主義、民粹思想當道，鎖國、閉門，大搞族群對立、宗教對立以謀取陰謀者最大利益，不惜引發戰爭，種族屠殺，破壞地球生態。這不是神的世界，不是理想國，或許有人認為神不曾允諾任何玫瑰園。但幾千年下來，地球竟然變得如此烏煙瘴氣。人變得愈來愈勢利，愈貢高我慢……，他們終將自食惡果，一切在主，主必報應（聖經：啟示錄）。

㊂如何做，就得如何回報

迷途知返，不要把我們僅剩下來的良知也封鎖住了。有多少素材可以在Google中搜尋到二十一世紀的道德思想的言論呢？答案是非常少，都是前世紀留下來的，現代人背離了良知。一切以經濟、掙錢、發大財、求名求利的方式來推銷政策。投資理財固然是生活的需求與保障，但在銅臭堆砌下的人生，能不能同時兼顧智慧性的理想，有較深遠的人生目標，有無緣大慈、同體大悲的宗教胸懷。

簡單地每天睡前的省思，一覺醒來看看記事簿的行程外，有沒有未完成的、即將來臨的近程、遠程的功課；有沒有辜負上天給的恩賜，對社會、家庭做出貢獻；有沒有扮演好自己的角色，精進、忍辱、布施。

背離了宗教的教誨，簡單地看家庭裡的小孩、學校的學生、對父母及師長的態度，就不難瞭解社會病了。這種潮流隨著慣性，應該是難以力挽狂瀾，只能祈求地球、人類、生態毀壞慢一點而已。

世界、地球本來就是虛擬的，人們在此星球接受考驗，通過的早已升天了，留下來不斷磨練的，當然有慾望的阿修羅，就很有經驗地一再輪迴，再給後代述說過去這地球曾經有過的文明、興衰，只因為他們仍保有一絲良知的根。

西方國家極需要二次的文藝復興，重新回到神的殿堂，現在的社會亂了，像淘氣的小孩，沒有禮教，肆意妄為，權謀誤國。沒有禁忌的社會，為脫序行為合理化，鑽法律的漏洞，到底是聰明或是糊塗？

朝聞道夕死可矣？其實是不足的。聽聞大道、佛法只能算是聲聞、獨覺，未悟證正等正覺，仍有可能退轉。慎獨者更需要以高度平等、清靜的心執行**六度**，去實踐**慈**、**悲**、**喜**、**捨**的大乘作為，如此才可以不退轉。[1]

陽明理學的重點是**致良知且知行合一**，理性的實踐，才能彰顯良知的表達，不至於淪為不到位的清談。

來自病者悟道的祝福，謝卡

「感謝這次主任辛苦的照顧，使我能夠渡過難關，更領悟更多人生哲理，內心感激無法形容。這幾年與主任相處得到很多珍貴的道理，這些我都是用心在領悟的。因為我的耳朵聽不清楚，你的話都已經融入我的內心深處，讓我體會你是一位菩薩心、金剛相，已漸入般若智的境界。就像觀世音菩薩以各種相渡各種眾生，但不失慈悲的菩薩心。

我平時不多話，在此祝福主任一切逢凶化吉，順利平安，道業精進，佛志彌堅。」

Grason 葛半導體副總經理

二〇〇四年九月二十六日

註1　大般若經：不退轉品（一會四十九品）。

16. 難得糊塗

㊂眾人察察 我獨悶悶（老子，食母章）

聰明一世，糊塗一時。當關鍵的修行過程中產生了我執，就是糊塗的根本，把虛擬的世界當做真實的來活，就是糊塗。有我、有世界、有法，就是糊塗，是顛倒夢想，一場南柯大夢也該覺醒。

小聰明與大智慧，有各種小聰明都可以在工作職場上發揮一定的長處，但也因此在大處失去先機。智慧也有大小之分，有的長者看起來有智慧，做人處事也圓融得力，有成就（眾人熙熙，如享太牢）[1]，但比起真正大智慧者，眾人看不出來他內涵的智慧，只能從生活中體會其高人之處。所謂大智若愚，又如同莊子所言「呆若木雞」，精明不外顯，肚寬可撐船。不與人爭、不與世爭，看似糊塗，不計較得失，其實任何事是了了分明，卻甘願吃虧，為之糊塗，這是假糊塗，深諳施比受更有福。巧者勞而知者憂，無能者無所求，飽食而遨遊，泛若不繫之舟。（莊子，大宗師）無能者大智若愚，隨緣也好，放下也罷，不在意是否吃虧。

不敢為天下先，謂之糊塗，上下爭利沒有意思。全世界在吹捧世界第一、專利權、有名有利。名利雖然世人都喜歡，但禍兮福所倚，福兮禍所伏，有福就有禍，何況個人不需求太多的財富。金錢的誘惑就是災禍的開始，太多人覬覦。我們觀察樂透中獎者，很多下場是大災難，或是一場空，得意忘形是也。老莊思想認為順應自然，吃飽最實在。

忘東忘西，謂之糊塗。因為忘記自己對別人的好，忘記別人對己的惡。好惡是不應該區分的，沒有絕對的好壞，但有絕對的善惡。若能以患為利，把加諸自己的批評體會反思，也站在對方的立場來想，把惡當成善的助力或是導因，也可以成就很不錯的忍辱功夫，或稱之為逆增上緣（成唯識論）。簡單地說就是逆來順受，命運也好，家庭小事也罷，都得成於忍。凡事斤斤計較的人，要放下執著是很困難的，煩惱與衝突多矣。

難得糊塗是一種美德與智慧，得饒人處且饒人，社會更加和諧。善惡好壞就如同光的明與暗，是因時因地而改變，有些惡有其不得已的時代背景，我們把它當成永遠的惡，加以長期撻伐、批判，當下我們內心充滿了報復，要求遲來的正義。但是如此重複操作，造成族群對立，此惡尤勝前者。當他們不斷享受了政治利益，會去反思族群撕裂後，更大的民族危機嗎？有些善是搭順風車來的，或錦上添花，有的是媚俗的作為，我們必須小心謹慎，不可糊塗到不分東西沾沾自喜，不可認為如此操作是永遠的勝利方程式，社會各角落都睜大眼在看。孔子著春秋，亂臣賊子尚且懼之，深怕遺臭萬年，似乎現在人也不怕輿論了，網路抹黑霸凌太多又能如何，他們不知道有最後的審判，烙印的罪刑，一切公義在主，主必報應。（啟示錄）

莊子云：德有所長，而形有所忘，人不忘其所忘，而忘其所不忘。形體、世俗的事是我們該忘的，但是我們執著名利而不去忘記它，終生被名利心所牽絆。德行是我們一輩子的修養，是日日增長，不該忘記的，我們却置之不理，而只追求名利忘了德行。真正的忘是**誠忘**，真正的糊塗。（莊子：德充府）

論語云「不義而富且貴，於我如浮雲」。顏回則一簞食一瓢飲，在陋巷。人不堪其憂，回也不改其志，賢哉，回也。孔子仍有名利心，只是不取之於不義；顏回更進一步，任何名利都不動於心，這才是修德到家了。孔子是聖人，上面還有真人、至人。

為什麼談這些呢？唯有打破世俗間眾人所追求的美好事物，就連名、利、財、色、情、仁、義、禮、智、信也要各個打破，才能跳脫地心吸引力，才能不被生活細節，肉身軀殼所牽絆，才能去除一切入世可能發生的煩惱，徹底出世、世出世間。如此才能不遊於羿之彀中而逍遙自在。

人所要求的，多半是欲望，所不要的是糊塗。無情無欲，自然清靜。無欲則剛。心經言：以無所得故，菩提薩埵，因般若波羅密多故，心無罣礙。無罣礙故無有恐怖，遠離顛倒夢想，究竟涅槃。如此思想，才是真正覺悟者。因為入世間一切所見所聞、所觸、所覺都是顛倒夢想，在虛擬實境中如同夢幻泡影的修煉場。天地是借假修真的地方，萬物之逆旅處。魚相忘乎江湖，人相忘乎道術，求道不需外求，道也者，不可須臾離也。

吃飯、睡覺、喝茶水，都是修道，無事而生定，禪定。隨時放下，隨刻法喜，修道不假外求，而是內省的功夫，因為我們的自性，一切俱足。很多人被恐嚇，說業障深，什麼事都需要大師、活佛幫忙改運。這是不道德的欺騙，因為尋回自性，一切俱足。修道是內省，損之又損，不斷放下價值觀分別心。去人慾，存天理；天理本來與生俱足。如法華經的比喻，出外的遊子衣袖內藏明珠而不自知，以為自己很窮。神愛世人，我們一切俱足，不懼怕被試探。我在門診有時關心長者，閒暇時做什麼？她回日到廟裡跟同年聚會，有時師父過來開示。說些什麼呢？沒什麼大道理，就是平常心，一遍遍誦經，師父說平安歡喜就好，**凡事轉不過去就看開放下**，誦經就不會想東想西。近朱者赤近墨者黑，親近善知識就好。

花花世界是名利場，也是修道場。蓮花出污泥而不染，濟公和尚在聲色場度人同樣不染，但在花花世界中，太容易迷失自己忘卻自性。末法世代愈來愈難修行，因好玩的事物愈來愈多，修道的法門愈來愈雜，更有披著佛衣的魔（邪師）來蠱惑擾亂。修道成精，走火入魔。魔者，自知是魔，也謗佛。魔的特點是自稱為大自在天，可讓會眾信眾嘗試涅槃的經驗，靈魂被催眠出竅，或是借用中草藥迷幻大腦，顯現幻象，欺騙無知百姓。神通是走火入魔，不足取，各種宗教斂財變成顯學，各立門派，自稱上人，活佛……推銷各種造神崇拜，又行各色監控、壓迫、輿論，愚民政策。修行其實最好在家自修，只因眾生根器尚淺，或不得要領，乃至於被魔利用。末法世代已經降臨，此世代的人們出門修行的危險大過昔日。受傷、被利用、家破人亡、歧路亡羊，痛哉！哀哉！

㊂全人治療？

若不出門，不跟著大家參加各種法會、修道場、佛教、一貫道、道教、基督教、回教，那我們又該如何自處。入門靠師父，修行在個人。例如有沒有入門的書、典籍、白話文解說、注疏？該不該拜師父、受戒（菩薩戒）或出家入尼？要如何能六根清靜？

這是大哉問。有人生病看醫生喜歡看名醫，例如百大名醫，但報章雜誌也有不少醫療糾紛出自名醫，大部分是病者過度期待。很多疑難雜症被醫好的，却不是名醫。俗話說先生緣，主人福。名醫是不是萬靈丹，自個兒心裡有數，但是仍以名醫動見觀瞻。有慕名來看病的，我想知道他們是什麼心理，有什麼期待。醫生也醫死，是醫肉體，還是醫心理，或是身、心、靈三病？完全醫治？

神奇的分享：有信仰，心誠則靈

「人都要經歷生老病死，回憶十三年前，四十九歲的我在運動時差點暈倒，回家上樓梯時，喘不過氣來，到附近診所就醫。原本以為輸血，多吃含鐵食物應該就沒事了，但情況一直沒好轉，趕緊到大醫院檢查。連續看了三家醫學中心判斷可能是多發性骨髓瘤、血癌，但都無法確認，後來被轉介到馬偕紀念醫院。第一次踏進張醫師的診間，手裡拿著第三家醫院的轉介單，心情七上八下，腦中更想著是不是又要被醫生放棄時，張醫師說話了：『給我兩星期的時間，先吃藥，再一起想辦法解決後面的問題。』當我離開時，醫生給了一本藥師經，要我相信他。經過骨髓檢查後診斷為少見的淋巴球增生合併紅血球再生不良症，於是開始為期一年的心靈與免疫抑制藥物治療，包含兔子免疫球蛋白。當時完全沒聽過這種治療方式，住院時心情忐忑。張醫師巡房時詢問我，有無作夢？我回答夢中有神佛拉我一把，當下醫師鼓勵我有救了；幸運的兔子血清發揮功效，使血紅素從四點四公克慢慢的爬升到十三公克，我終於回到了正常的生活。回想當時心臟宛如有被針刺著，手無縛雞之力，走路更像拖死鬼般，心仍有餘悸。誠如張醫師所言，醫生是人不是神，誰也無法預知未發生的事；當問題來臨時先安撫恐懼的情緒，再建立自信心，然後一起克服疾病。知恩，感恩。」

Z．D．許，鶯歌精密陶瓷設計公司

修道也一般嗎？參拜名山古剎，山不在高，有仙則名，水不在深，有龍則靈。斯是陋室，惟吾德馨，何陋之有。古人自稱自己修德處是陋室。當年國學大師南懷瑾居士在台北的陋室就有一些學佛年輕人追隨。之後才有十方禪林、峨嵋道場，對台灣及海峽兩岸佛法的弘揚貢獻很大。老古出版社有非常多先生的重要著作，同樣地開釋很多後學，他晚年也在大陸成立了太湖學堂。德不孤，必有鄰，以居士身分，弘揚佛法有如此成就者，先生為近代第一人。修行隨法重於隨人，然而佛經一打開，很多人看不懂文言文，注釋版本很多，有人親近多位師父、高人、不同的宗派，不同的點悟方式，到底自己適合拜何山門也是佛緣，際遇各有不同，枝開葉散，結果仍在個人。阿難是佛祖弟子中記憶第一，但開悟成為覺悟者，仍排在後段班。也就正是聞道有時，開悟有時，菓子成熟，自己菓熟蒂落。

現今社會跟古代的時代背景完全不同，從孩提時呵護備至，嬌生慣養者多，吃苦、磨鍊者少，不容易體會人世間的苦難，茶來張口，餵飯還得父母跟著跑。兒童有生日派對、校外教學、交換留學生、壯遊世界，成年後又受資本主義影響，享樂、肉慾、奢華、過度消費、拜金，從投資到投機，操作不實際的高槓桿金融商品。先天下之樂而樂，後天下之憂而憂，沒有高風亮節，只有暴發戶的脫序行為。如此生活，到了中年危機、老年無助時只能依賴社會福利、長照等國家的安老政策。家庭病了，社會病了，國家病得更嚴重。所謂民主就是一堆選舉，為的是有心人士取得合法的政權，卻大大辜負人民的期待。民主政制的諷刺，中外皆然。功利思想的最終產物就是權力的霸凌與傲慢，唯有釋、道、儒家的思想可以緩和世界的沉倫，但是一切都將不可避免，就如同前一個冰河時期的文明一樣。人類是被人類自己毀滅的，自私、貪婪、慾望、自大。

最好的生活是簡樸的生活，只要花花世界仍不斷擴張，物質浪費不斷暴增，世界必亂，戰爭必起。因為水資源、糧食、人口、能源的競爭、搶奪、全球暖化、海平面上升、異常氣候的致死效應將接踵而至。我們必須讓地球生養休息，暫停高度工業化的進行，直至地球暖化改善。

世界應該停止進步一段時間，好好整理工業廢棄物、垃圾和過度開發的水土保持，節能減碳，應該禁止機器人過度開發，應嚴謹限制人工智慧的發展。這些已經挑戰人類生活的秩序。人類目中無神，超越了神賜予人類的能力極限，最大的壞處是讓大部份的人失業，管理階級自大妄為，錯誤的程式造成不可彌補的大災難。

我們不能像魔法師的門徒，歌德的詩作由杜卡譜的交響曲，敘述了一位學徒摩仿師父念咒語，使掃帚飛來飛去，打掃房子。結果不知停下的咒語為何，整個房子亂成一團，以致於水酒滿地的窘境。歌德的浮士德也同樣地描述了沒有神，人的能力不能踰越，與魔鬼交換的能力只有遭受天譴。

其實此世界既是虛擬實境，太多的科技讓這個世界變得更夢幻，那麼人們重回現實的世界就愈來愈遠。想想我們把人類送到月球、火星，要想回地球探親有多難，更何況月球、火星也是虛擬的，暫時化現在我們觀看的天際中。有些星星閃閃爍爍，幾萬光年傳過來的景象，其實彼星星可能已不存在，死亡，或被宇宙黑洞解決了。

我們為何不乖乖做個人，卻企圖學神來創造奇蹟，改變世界。豈不知好奇心來自知識，而聖經有云：知識樹的盡頭是死亡。若不斷追求逆天的事物，盡頭只是加速死亡，這就是未來世界的命運，也就是說這從上一個冰河期以降的六、七千年文明，差不多將要結束了。愈不愛護地球，人類適合居住的地方也愈快崩壞。

當農業大量生產用了過多農藥，毒死蜜蜂後蟲媒花會大量死亡，果樹也死亡。當雨林被砍伐殆盡時，地球的溫室效應加速海平面上升，很多海邊城市將沈入海底，如同兩千年前埃及亞歷山大城。火山大爆發，將義大利龐貝城被掩埋。世界有沒有末日？

人類的貪婪、不敬天、不畏鬼神。只相信科學不可知論。所謂**道之華、愚之始**。聰明反被聰明誤，殺雞取卵，債留子孫。我們身處於末法世代，應如何在此花花世界安身立命呢？要如何不隨社會脈動共舞呢？

簡單地說，處變不驚，莊敬自強，八字真言。六根入定，不管眼、耳、鼻、舌、身、意如何挑動我們的感覺，也不理會色、聲、香、味、觸、法如何迷惑我們。我們一念定住，追求簡單生活，信從真理、傳統禮教，不受八風影響。多親近善知道，諸善奉行，諸惡莫做，不求功名，不貪利養。這是積極的超越世俗、永不停歇的內斂功夫，能經得起世俗的取笑、能堅持設定好的信念。**無所得，就是菩薩，糊塗就是無所為而為**。

能本著良知善念做事，
能放棄優渥的物質生活，
能承受利誘威脅，
能捨生取義利益眾生，
花花世界又能奈我何！

六解一亡，唯心直進。聞已聞盡，覺所覺空。
心念不起，如如不動。空滅既滅，寂滅現前。
色非真色，空非真空。芥子非小，須彌無大。
若是虛擬，不生不滅；非為實境，不增不滅。
眼界非實，六識假借；我空法空，借假修真。
法如漂筏，用過即棄。相即非相，見相入暗。
入暗無明，不見如來。說有諸心，即是非心。

過去無心，未來無心。為人說法，不取於相。若有世界，生一合相。難得糊塗，不貪利養。

聖賢差別，無為法是。真道難聞，聞後乃悟。

註1　老子，道德經，食母章：第二十。

17. 活得好或是活得久

近年來老年社會是先進國家的大問題，台灣也不例外，目前二〇一八年六十五歲以上人口已越過十五％門檻，正式成為高齡社會。老年長期照顧是不容易解決的問題，不像過去農業社會，年輕人可以就近照顧。現在年輕人在競爭的職場上，無暇也無力照顧失能的長輩，所以才有外籍顧傭、看護工的勞力需求。但是如此仍無法解決問題，所以政府正努力推行第二版長照制度，尤其是偏鄉地方。

平均而言，失能的老人在死亡前有八年需要別人照顧，其中包括中風、失能、癡呆、巴金森氏症、多重器官障礙以及癌症。當然慢性病及失能是普遍需要好的制度及基礎建設。但末期癌症的治療與照顧是值得探討的。因為大量的健保資源是投入在很難治癒的惡性疾病，而且健保支出愈來愈大。延長的生命增加更多的用藥、門診、高科技檢查及住院的次數，其次抗癌治療品項繁多，例如傳統手術、化學治療、同位素治療、幹細胞移植、立體3D定位放射治療、高溫治療、質子放射。

最近二十年來多了標靶治療、雙標靶，近年來腫瘤免疫療法（免疫檢查哨治療）以及CAR-T的個人化T細胞免疫細胞、樹狀突細胞及自然殺手細胞治療、基因重寫編碼治療、同位素嵌合標靶治療、雙特異性標靶嵌合治療。但八成至九成病人仍會在二、三年內死亡，長期存活者很少超過五年。

換言之，上述治療是換取暫時免死，絕大部份病人在一年內死亡，有不少病人發生了細胞間素相關的cytokine releasing syndrome（CRS，綜合徵）、間質性肺炎、自體免疫肝炎、神經系統異常、甲狀腺低下，內分泌病變、骨髓及血球低下、嚴重感染症等嚴重副作用，死於治療相關副作用。

但這些治療如雨後春筍般大規模冒出來，全球大藥廠對抗生素的研發已興趣缺缺，因為價錢很難提高，利潤不大。不若免疫治療及標靶治療，市場太大；癌症罹患者愈活愈老、愈多，市場大得不得了。這些治療大致上單一藥品費用每人每年達台幣一百萬到三百萬元，而且第一種治療後又可以換另一種。以治療肝細胞癌為例，轉移性肝癌目前有三種標靶藥物及三種免疫治療可供選擇，而且仍有後續新藥的臨床試驗正在進行。

當主治醫師告訴病人有這麼多選擇，又知道有健保給付時，都會謝天謝地，聲聲稱讚是德政。但是到了後來陸續失敗。在這段末期癌症的治療期間，天天等待高科技檢查，如核磁共振掃描（MRI）、電腦斷層掃描（CT）、正子掃描（PET）等等，病者想看看進步了沒有，能不能到國外旅遊，能不能再圓一個夢。

所以醫師沒有盡告知實情的責任，沒有在新科技實施前，充份讓病人知道這些治療的效果是暫時的。病人應利用這段症狀比較改善、腫瘤縮小的期間，好好準備如何善了臨終的安排，所謂**在積極治療下做最壞的打算**。立遺囑、**道別**、**道謝**、**道歉**、**道安**。看看仍有什麼未了的心願，仍有什麼遺憾沒有。這時候不應該仍停留在**否認**、**憤怒**、**沮喪**，**討價還價**的面對壞消息的初期心理機轉。醫者除了癌症緩和治療外，能給予身心靈的支持嗎？尤其有些病者有譫妄及靈性困擾的問題，都是未被滿足的需求。

其實每個病人都想活得久（存活期）最重要，其次是活得好（生活品質）。假若前提是活得好比較重要，那麼整體存活（OS），無惡化存活（PFS）就不是重要的參數了。目前世界食品藥物檢驗局FDA對新藥的核准上市、給付所觀察的指標是PFS，其次是OS，再其次才是反應率（ORR）。而生活品質（QOL）是輔助性治療的次要指標。所以科學上主要標的（end point）要求的評估點是整體存活期間(活得久)。

多年前我有一位同事，他得到肝內膽管癌，這種癌症除了手術切除乾淨，別無他法，一旦轉移，只能緩和治療。但是他曾經在美國波士頓市Dana Farber癌症臨床試驗中心做過研究員，那兒是全球研發中心，進行很多未上市的早期臨床試驗。所以他登錄了各式各樣的臨床試驗，真的非常多。罹病後他總共存活了十五個月，比一般未接受治者多了三到四個月。但是治療期間進出醫院五、六次包括切除轉移腫瘤，各種標靶治療、化療。算一算在家休養的日子不到五、六個月。有品質可以出來走走的日子，不到幾個月，因多數時間在接受治療包括副作用、不良反應的治療，我們暫且不論有多少財務衝擊、經濟效益值(ICER)值多少。試想這段人生最後十五個月他在想什麼，老天爺開玩笑？最近文獻，臨床試驗有什麼突破？他很少跟舊同事接觸，我們都知道他心情不好，不想見客，我送了一本莊子的書，大概他也沒心情閱讀，後來視力也有問題。

他安排長女的婚事，對方是他同學的兒子，他心願如此；還安排女兒上班的地方，當父親的仍然在此時刻牽掛家人，為子女安排將來的日子。十五個月的日子時刻在擔心，觀察治療的反應，承受各種治療相關副作用，真的是抗癌鬥士。但是我們談談化療、手術、標靶治療等等副作用，發燒、疼痛、虛弱無力、沒有食慾，這些生活品質指標應該將活得久的日子除以二，只剩下不到八個月。又再扣除住院治療的日子，剩下來能夠平靜過舒服些的日子實在所剩無幾。值得還是不值得？不試試又怎能甘願？還是希望幸運之神保佑，有奇蹟出現！

要如何活得好又活得久？魚與熊掌難以兼得。我曾發表在台北市醫師公會的月刊，用一套公式來計算得失利弊。不去想它，好好地活，依傳統選擇少副作用的治療，就算給自己一個機會，有奇蹟也好，沒有也罷，免得落得偷生怕死。死亡是一種解脫，另一段生死相續的起頭。看開了，看淡了，不要再計較。開悟才是正道，**隨緣放下，往前是希望不是盡頭**；真正的生死大戲的功課，終極的理性抬頭，突破完型治療未滿足的關鍵。生死交關處是開悟的契機，要及時把握（死亡前有清明期，回顧一生中重要的事件，以便連結**中陰身**的到來，浮現阿賴耶識的記憶）；再等待又（已）是百年身。此時的理性與感性都混在一塊，超脫人本的思維框架，進入無我、無臭皮囊軀殼的能量狀態。

18. 沒有所謂的理所當然

把每一天當做人生的最後一天，我們常說無常迅速，人生短暫，人生一輩子的功課就是找回自性，回歸本我。不畏懼**無常**、**有常**的考驗，因為我們本已足夠，內心自性圓滿具足。我們感覺豐足，因為欲望不大，無欲則剛，知足常樂。**理所當然就是以自我為中心**，向他人要求更多，不為他人設想，得理饒不饒人，這樣就不是知足常樂了。美國總統約翰甘迺迪曾言，不要問國家為我做什麼？而是問自己能為國家做什麼！這是服務的人生觀。每個人都願意為國家服務，這個國家一定強。同樣地我們也要反思對父母親有沒有孝順，反哺生養教育的大恩。在門診各色各樣的病人及家屬都有，當然也有不尊重專業、口氣不禮貌的病家，覺得任何事都是他們的權益，因為繳了健保費；但是看到他們孝順長輩總會贏得醫者的尊重，尤其是親情薄弱的現代人，畢竟百善孝為先。無緣大慈，同體大悲。聖賢以無為法而有差別，但是有為的入世法則也必須一併做得好是最基本的。禪宗六祖惠能是先安頓好母親才出家的。佛法著重圓融無礙，並非遁入空門，六親不認，逃避世俗事。我們為長輩、親人及家庭做了什麼？

因為常樂，則我淨，
因為我淨，則自在放下。
因為放下，則喜捨，
因為喜捨，則慈悲。
因為慈悲，則緣無，緣有，隨緣。
因為不求，則空靈常在。

有我，常會覺得人家那兒辜負了你，
有我，才會覺得一定理所當然，
有我，才會處心維護自身權益。
無我，才會無私，

無我，才會體會一切借來用用，
無我，才會感恩別人付出這麼多。

所以我們眾人的問題是：
我最大，
我最重要，
我說的算，
我要愈多，
我要活更久，更好。

老子說：「聖人後其身而身先，外其身而身存，非以其無私故能成其私。」1
莊子說：「殺生者不死，生生者不生。」2
先把自己給忘了，生死置之度外，你才能真正地活著，
沒有靈魂而苟活的肉體，與行屍走肉無異。
我們奉獻別人愈多，不藏私，樂於分享，

既以為人己愈有；既以與人己愈多，不是嗎！
用無私的思維，才能跳脫生死、有無的框架。

藥只醫假病，酒不解真愁。
一切若講法、理、情，自私自利排第一；
所有論法皆非法，所有論理皆無情，
說情立法理不通，世間動盪亂不斷。
風雨如晦雞不鳴，混水摸魚利最多，
動物世界沒有法，佛教論說無法相。
莊子說人固無情，天法道道法自然，
聖人有法有亂象，末法世代亂更多；
民主社會不民主，自由經濟不自由。

現在世界是矯情的世界，煽動民意的世界，我們廣告事業那麼發達，就是透過視覺、聽覺展示過度包裝或我們其實不需要的事物，甚至是枝微末小的知識，過度華麗的辭藻，讓我們失去了理智，盡情刻意地渲染，讓我們遠離了純真。當不需要的確幸取代了真正的幸福，Google、YouTube、Facebook，天羅地網的追殺，成為精神導師或神聖的告解，只能說我們沒了自己，一切跟著潮流走，3C產品，5G網路，我們的健康又到哪兒。相信基因改造，遺傳密碼編輯的神話，外星球的移民，我們已不是原本的人類，是重重被改造、被洗腦的新人類。活在地球村，地球思想襲捲整個世界，促銷的商品都需要背後的主流風潮，有風潮就有人潮人氣、錢潮、商業利益，也就是拼經濟，改善物質生活的動力。這本來是人類共同的目標，生活在高度工業化文明的社會。想想巴比倫王朝、空中花園，將外族當奴隸，也不過二、三千年的歷史一再重複，道德與墮落也一再交替。

難道我們能開創更完美的文明嗎？既高度工業化、科技化、又人人守法有禮，只有和諧溝通，沒有暴力、戰爭。那是不可能存在的烏托邦。現在世界，沒有國防武力，經濟就被吞噬，大國與大國只有競爭，小國得依附大國，交進貢的保護費，世界和平只有你聽我的才算數。

那麼人生的價值在那裏？現在的世界是生命不僅誠可貴，而是非常貴，健保的ICER、QALY，活著一年的的癌症病人是年 GDP 的二倍[3]。這麼貴的理由，跟手機沒兩樣，更方便，活更久？就用金錢來交易。

在世界的愛情呢，價更高，是的！結婚宴、婚紗照都壓垮年輕人，看看台灣、日本的結婚事業，是昂貴的，但年輕人的婚姻持久度卻相反地比上個世代短很多。因為追求自我、自由，所以不願意遷就，為家庭犧牲，不願意忍耐，不願意付出。

沒有家庭，沒有付出，我們剩下什麼？一個表面上自由，但卻心靈空虛、孤獨、自私的肉體，這樣的肉體有多少價值？說穿了，愛情、婚姻、人生仍離不開緣起性空的本來面目。一切生活的軌跡，離不開生命的本質，緣起接著緣滅。

我們的健康，生命有它本身的藍圖，被命定的基因圖譜。本質不會改變，我們所努力的是如何使用與維護，所謂的永言配命。法，尚且用之即棄，更何況肉體、軀殼，百年之肉身，也借來用用。借來做什麼呢？借來消業往生，消業是行動，借用工具來行動，工具用久了之後會變鈍，不容易使用。但是過程中成就了很多，這些事包括自覺、覺他、覺行圓滿，在不察不覺的片刻、須與中精進；**人生的價值在於實踐內心理性的呼喚與自覺，找回自性的尋根之路**。一切本來俱足，花花世界皆庸人自擾，只有歧路亡羊。看開一切才是自求多福。萬物皆備於我矣。反身而誠，樂莫大焉。強恕而行，求仁莫近焉。[4] 凡事反求諸己，外求而理所當然不知止者，自取其辱。

人生的價值絕對不是物質的享受、慾望的實現、名利財色的追逐。生命長短的迷思，違背了生命樹追尋生命本源的唯一真理是不可能達成的。道高一尺，魔高一丈，難道我們仍要盡畢生心力，去做逆天的非自然的事嗎？

每天早晨醒來，我們感恩。
昨天的平安，今天的開始，忘卻昨日的煩惱。
昨日的煩惱已逝，已死，
今日的功課也會常樂我淨而生。
不忮不求不拒，做好份內的工作功課，
屬於我的，神必應許，知足常樂。
所有對我們好的，我們感恩，
我們也要珍惜，加倍回報，
理所當然只會腐蝕我們。
有不如意的事，凡事盼望、忍耐，終有回報的一天。
本來十常八、九皆不如意才是現實。

過太如意的日子，必有禍福相倚之患，
再如何不如意，都有時來運轉之時，
無法改變的事實，我們放下它吧，
恬靜地接受命運的安排，
放下是佛心，是覺悟。
執著是凡心，是折磨。
用理性來引導感性，
從虛擬中看出實境的幻象。
內心清明如皎月星空，
所作已做，不受後有。

鮮活的真實故事，二〇一八年冬天腸胃科轉了一位六十二歲的單身女仕，白血球數目高的驚人，最後我診斷為急性雙基因表現的急性白血病，費城染色體陽性，極高危險群，存活機率一成左右。她從銀行界退休，非常注重生活細節，包括血球生化檢驗數字，飲食，藥物副作用。任何皮膚紅點點都會大驚小怪，更何況化療引起的敗血症，腸子壞死出血。醫護人員人仰馬翻，是交接班的重點。脾氣口氣都不好，病情複雜難治。但是相處一年半以後她變了一個人，不再影印檢驗報告，用和善的語氣跟護理人員溝通。因為她得到很多我們的關懷，在勸說下每天誦藥師經數回，住院如此，在家也如此。她知道疾病的嚴重，也學習了如何放下執著（得之我幸，失之乃命），安時處順，有常、無常也都看開了，治療的專業交託醫護團隊。她不再像過去一般認為一切理所當然（清淨心），知命、順命，相信一切自有安排而且接受任何成敗結果（平常心），所以治療方案我說的算。我們從她身上看到正念、正見、正信、正定、正思維、正精進。這是我們在病房鼓勵她學習的**心靈病房終極學分「放下執著」**。最重要的是她做到了。下面是她的分享：

來自病房的手札：（銀行界退休、未婚女仕）

「每一次跟同事聚會，喝咖啡聊是非時，常聽到同事說哪位同事生病而且得癌症，我還說生病怎麼都會得癌症，真是可怕啊！突然有一天自己就得了白血病，我也不懂白血病是什麼？他們說癌症的一種，是血癌，我非常茫然又生氣。主治醫生叫我趕快簽字治療，我才說看看要簽什麼？作什麼治療？主治醫師說你不曉得有多嚴重嗎？他叫護理師發病危通知給家屬，我一聽就簽給他了；我不要家裡的人擔心、害怕。就這樣無奈的第一次化學治療。姊的同學、大哥的同事轉交給我經書，叫我要多念書（讀經）。看不懂經書的經義，他們說看不懂沒關係，念就對了。兄弟姊妹都不跟我說我的病情，只是覺得他們的臉上十分沉重，叫我要多加油。我自己也搞不懂自己的病情，我又常常在昏睡，主治醫師每天也沒講我的病情有多嚴重。我只知道一直打針，打到兩隻手瘀青，狀況也一堆。算了吧！我想醫學常識自己又不懂，就交給醫生去處理吧！有空就念經書吧！就這樣終於熬過第一次的化療療程；主治醫生說我可以回家了，我的兄弟姊妹趕快來幫我辦出院。回到家，父母看到我的樣子時，眼淚都掉下來，我看了很不捨。回門診時，醫師問我有宗教信仰嗎？我說有啊！我都有在念經書，雖然不懂經義，大家都說念經書就對了。醫生說我體質太弱了，很難治療，狀況又一堆；你要多用功念經，醫生是治病，其他的也只能交給神明。

又經過了第二、三、四次化療療程，每一次都有狀況，但每次都化險為夷，都度過了；我想冥冥之中，神明一直都有在保佑我。我又遇到醫生這個貴人，開導我，讓我心情跟進來時有很大的轉變；我現在比較開朗、樂觀，也不會太在乎生死。活著要開心地活著，死了或者也不用再痛苦，這也是一種福報。我覺得經書也潛移默化我，讓我有一種精神支柱，只是現在覺得有點太晚唸經、聞法。我現在把每一天都當作最後一天，活著要趕快加緊用功、唸經、修法。最後謝謝所有幫助過我的貴人、醫生、護理師、輸血（捐血）給我的貴人。我的人生這輩子剩多少我不知道，但是謝謝大家；醫生盡力地幫我處理，而我自己也儘量地活好；其他的就看自己的福分，不用太在意了。」

L・L・S・二〇二〇年，上元節

註1　老子，道德經：無私章第七。

註2　莊子，內篇：大宗師。

註3　ICER經濟效益值（incremental cost effectiveness ratio）。
QALY拯救一年生活品質調整生命年數成本（quality adjusted life years）。
GDP國內生產（毛額）總值（gross domestic product）。

註4　孟子，盡心篇。

後記

放下執著是我們心靈病房最後的功課

天下本無事 庸人自擾之
風平浪自靜 船過水無痕

諸事唯心，萬法唯識，一切發生於我等周遭的事物都將湮沒於歷史及時間的長河。沒有人記得我們的故事。自己生死自己了，期待他人有何益？

人生是許多瞬間的集合，生生滅滅如同晝夜，如同四季的更替。我們所思維的其實只有瞬間的當下。諸行無常是生滅法，人生有多長，只不過呼吸的剎那瞬間[1]。莊子言，人生天地之間，若白駒過隙，忽然而已。浮生若夢，若夢非夢，浮生如何？如夢之夢。

人生如永恆瞬間的集合，那麼我們應該如何規劃人生呢？所有短暫的瞬間集合，就是人生的概況，難道不是嗎？當每個週五下午的來臨就宣告本週勞苦的結束，雙手迎接週末的來臨，是期待的喜悅，也是放鬆工作的無形及有形的壓力。但是，有時想一想，上一週，上上週也是如此；下一週、下下週也是如此。日子過得緩慢呢？還是在不知不覺中春、夏、秋、冬已經交替了。

所以聰明人告訴我們要活在當下，那麼所謂的當下又是有多少時間呢？一天？半天？一小時？一分鐘？事情還沒有想清楚，幾個當下都已經成為過去式。或許我們可以認為白晝與黑夜的交換，是可以用來做出不少決定、吃了幾餐、喝了幾杯的當下。

這樣子比較好形容及認知。也就是說把**每一天當作生命的最後一天來活**。或長或短，都是因果、因緣，或命中已決定的。**每一天當成生命的最後一天來活就是放下**，我們於是學會珍惜每個當下、片刻、瞬間。我們所經歷的都不是偶然，都有因果及命定的影子。我們順服神的安排並且把功課做好，就是天人合一，放下世俗的煩惱；我們向神祈願，希望能夠活得久又還要更久，就是執著，神能應許嗎？人之將死其言也善，如同天鵝之輓歌。東方有民族在臨終時會感恩醫生的付出與努力，早年我父親行醫時如此，我也曾經經歷過，但是現在已不復多見。父親常說知足常樂，無欲則剛，這真是人生大智慧；懸壺濟世是吾等天職，慈悲為懷，不貪利養。

許多罹患不治之癌症病人或許會問主治醫師，他們還有多少日子可以活，因為想有個規劃，想想有那些尚未交代或心願未了的事。其實醫生很難回答，假若說病人能存活得長些病家會過度期待，若回答存活少些則被譏為沒有醫德；而且病患、家屬的考慮與感受各有不同。勸他們是無常，隨緣接受也是作為接納它、處理它、放下它講，很多人都認為有例外。有些人認為醫生不是神，沒權柄判定病人生死或長短，所以醫生保持沉默，同理心（empathy）的尺度就端看先生緣了。世界上有許多人認為有奇蹟，因為有神明保佑，到廟宇求神問卜或許認為還有希望。很多人一輩子都沒有經歷過奇蹟，或神明顯靈。其實真正的奇蹟是病患突然清明了，開悟了，決定接受他的命運。這種**開悟也是奇蹟**，一向怕死的人變堅強，一向挑剔的人變得隨和，看得開，勇於擁抱自己命運的安排，並且惜福感恩。因為**他們把所剩下的一天當作人生最後一天，來珍惜、來感恩身邊每一個有緣人**。

有些人會感應到他並不孤獨，因為神與他同在，預見了中陰身靈魂的轉化。尤其在生命末了的時辰，覺悟者分泌大量腦內啡[2]，迴光返照，這是神賜與我們的神蹟。佛教的高僧圓寂時，八大菩薩在西方淨土隨行迎接[3]。**放下執著**是我們**心靈病房最後**

的功課，一起努力吧。

本書完稿後兩個月正值世紀瘟疫，新冠肺炎（covid-19）全球大流行，義大利倫巴底大區疫情及死亡人數太驚人，連後來的美國紐約市也同樣嚴重，以至於家屬無法探視，無法送終的人類悲劇。孤獨面對死亡是最悲傷的，願神垂憐他們，與他們同在。願神賜所有在最前線救苦救難的醫護人員平安，願所有人類同舟共濟，願眾病逼切、無救無歸、無醫無藥者，拋開所有執著，放下一切苦難，眾病悉除，得到解脫。

計度失圓覺 放下成菩薩。執著即凡夫 喜捨是彌陀。

我空法亦空 西方在當中。五蘊合六識 觀照皆自在。

知足常樂無欲則剛，忍辱無懼韜光養晦。

離形去知大智若愚，陋室生白哀樂不入。

亢龍有悔福禍相倚，合氣淡漠定慧止止。

悲智雙運自性不動，誠意明心君子有終。

《瘟》

近日少嚐膳中鮮，街坊幽禁人性顯；
冠疫無藥遺長恨，天人永隔在瞬間。

《禪機》

棒喝茶飯先入機，盈門坐禪慢說理；
閒吟經藏行酒肆，但勸道俗種菩提。

《放下》

放下平生夢，執著化作風；
杏林春雨暖，良藥在心中。

註1　佛經：四十二章經，第三十八章。

註2　腦內啡 endorphine 一種大腦分泌的化學物，類似麻啡 morphine，人會有欣快感。

註3　藥師琉璃光如來本願功德經。願生西方極樂世界，若聞世尊藥師琉璃光如來名號，臨命終時，有八大菩薩乘空而來，示其道路。

致謝

誠摯感謝劉正玲小姐、蘇筱玲小姐的手稿整理，郭任遠醫師、蕭淑貞博士、吳明德博士的審閱和推薦序，關家莉副教授和宜蘭李陳抱女士的支持，本書得以順利出版。

人生顧問 0399

隨時放得下的功課：心靈病房的18堂終極學分

作　者—張明志
主　編—林菁菁
企劃主任—葉蘭芳
封面設計—楊珮琪、林采薇
內頁設計—李宜芝

董 事 長—趙政岷
出 版 者—時報文化出版企業股份有限公司
108019 台北市和平西路三段 240 號 3 樓
發行專線—(02)2306-6842
讀者服務專線—0800-231-705・(02)2304-7103
讀者服務傳真—(02)2304-6858
郵撥—19344724 時報文化出版公司
信箱—10899 臺北華江橋郵局第 99 信箱
時報悅讀網—http://www.readingtimes.com.tw
法律顧問—理律法律事務所 陳長文律師、李念祖律師
印　刷—勁達印刷股份有限公司
初版一刷—二〇二〇年八月十四日
初版四刷—二〇二四年四月二十二日
定　價—新臺幣三二〇元

時報文化出版公司成立於一九七五年，
並於一九九九年股票上櫃公開發行，於二〇〇八年脫離中時集團非屬旺中，
以「尊重智慧與創意的文化事業」爲信念。

隨時放得下的功課 : 心靈病房的 18 堂終極學分 / 張明志著 . -- 初版 .
-- 臺北市 : 時報文化 , 2020.08
面 ;　公分

ISBN 978-957-13-8278-4(平裝)

1. 人生哲學

191.9　　109009152

ISBN 978-957-13-8278-4
Printed in Taiwan